memoria argentina

colección dirigida por
Alberto Casares

Lina Beck-Bernard

El río Paraná

Traducción de José Luis Busaniche

Lina Beck-Bernard

El río Paraná

Cinco años en la
Confederación Argentina
1857-1862

Emecé Editores

982   Beck-Bernard, Lina
BEC   El río Paraná. Cinco años en la Confederación
      Argentina 1857-1862. - 1a ed. - Buenos Aires : Emecé, 2001.
      224 p. ; 22x14 cm. - (Memoria argentina)

      Traducción de: José Luis Busaniche

      ISBN 950-04-2219-0

      I. Título 1. Historia Argentina

Emecé Editores S.A.
Alsina 2062 - Buenos Aires, Argentina
E-mail: editorial@emece.com.ar
http://www.emece.com.ar

Título original: *Le Rio Parana.*
Cinq années de séjour dans la République Argentine.
© Emecé Editores S.A., 2001

Diseño de tapa: *Eduardo Ruiz*
Fotocromía de tapa: *Moon Patrol S.R.L.*
Primera edición: 4.000 ejemplares
Impreso en Printing Books,
Gral. Díaz 1344, Avellaneda, marzo de 2001

Reservados todos los derechos. Queda rigurosamente prohibida,
sin la autorización escrita de los titulares del "Copyright",
bajo las sanciones establecidas en las leyes, la reproducción
parcial o total de esta obra por cualquier medio o procedimiento,
incluidos la reprografía y el tratamiento informático.

IMPRESO EN LA ARGENTINA / PRINTED IN ARGENTINA
Queda hecho el depósito que previene la ley 11.723
I.S.B.N.: 950-04-2219-0
45.035

En 1864 Lina Beck-Bernard publicó en París el presente libro, titulado *Le Rio Parana. Cinq années de séjour dans la République Argentine*, con el sello de Grassart, librero editor de 3, rue de la Paix, y 4, rue St-Arnaud.

Según explica José Luis Busaniche en la Noticia preliminar a su traducción al castellano de la obra, fue el historiador rosarino Juan Jorge Gschwind quien primero divulgó en castellano la valiosa tarea del matrimonio Beck-Bernard en dos folletos titulados: *Carlos Beck-Bernard, su contribución al progreso de la colonización agrícola argentina* (1932) y *La obra social y literaria de Lina Beck-Bernard* (1935?). El señor Gschwind cita a su vez —dice Busaniche— dos folletos publicados en 1889, al año siguiente de la muerte de Lina, *Notice sur Madame Lina Beck-Bernard* de Gustave Correvon y *Un femme littéraire et philantrope, Madame Lina Beck-Bernard* por E. Cornaz Vulliet, y asimismo un artículo de S. Rocheblaye aparecido en *La Revue des Deux Mondes* el 15 de agosto de 1929.

La versión española de Busaniche apareció en Buenos Aires en 1935 con el sello de El Ateneo. Librería científica y literaria. Florida 271 - Córdoba 2099. El traductor comentaba lo siguiente: "La autora vivió realmente en la Confederación Argentina y así la nombra en diversos pasajes del libro. Como después de Pavón el país empezó a llamarse República Argentina (como se había llamado en la presidencia de Rivadavia), no es extraño que le diera esa denominación en la carátula de su libro, publicado en 1864. Hemos preferido estar a la denominación empleada en el texto, para traducir el título, por ser más expresiva y ajustarse más a la realidad de los hechos. Se ha preferido también el subtítulo de la obra, al título mismo, por cuanto puede fácilmente confundir sobre la naturaleza del contenido, el nombre de El Río Paraná."

La presente edición utiliza la traducción de José Luis Busaniche. No incluye la Noticia preliminar citada —cuyos datos hemos utilizado— ni las ilustraciones, ausentes en el volumen en francés, que Busaniche agregó en la edición castellana. Hemos optado por restituir al libro su sugerente título original, manteniendo como subtítulo el título elegido por Busaniche, que resulta así suficientemente aclaratorio.

B. P. del C.

SOUTHAMPTON - BAHÍA

(Diario de viaje)

Southampton, 9 de enero de 185[7].

Estamos a bordo del magnífico vapor *El Tamar* que debe conducirnos a Río de Janeiro. *El Tamar* se encuentra desde ayer en la rada exterior y hemos venido hasta él en un vaporcito. El día está triste y lluvioso. A las tres nos ponemos en marcha, pero dos horas más tarde la niebla nos obliga a detenernos. Ya entrada la mañana la bruma se disipa y estamos otra vez en camino. El mar se muestra muy agitado y el oleaje aumenta de hora en hora hasta que se desencadena un terrible huracán. Durante dos noches andamos arrojados de un lado a otro por un oleaje furioso de violencia inaudita. La tripulación se mantiene de continuo en la maniobra. El capitán y su segundo no abandonan por un momento el puente de mando. Tan terrible es el viento que los marineros ocupados en la maniobra se hallan sujetos por cuerdas y cadenas para no ser barridos por las olas. Un marinero baja para asegurar las escotillas y lo interrogo, llena de inquietud, sobre la verdadera situación en que nos encontramos. *Only wind by the side...*, me responde flemáticamente. Por el vidrio de la portilla puedo ver las olas que se aproximan elevándose como montañas de agua, grises y blanquecinas, coronadas de espuma. La ola llega y nos levanta, con dos o tres golpes consecutivos, a una considerable altura para arrojarnos de lado como hacia el fondo de un precipicio. El agua se desploma sobre el puente, encima de nosotros, con un ruido sordo y siniestro que nunca olvidaré. Las paredes del buque crujen de tal manera que a cada instante pensamos que ha de abrirse el frágil tabique que nos separa del abismo. He ordenado que mantengan a los niños vestidos día y noche y listos para no perder un instante cuando las circunstancias lo exijan. La mucama se muestra muy animosa y nos presta grandes servicios. Mi camarote está contiguo al del capitán y también al de otro pasajero enfermo a quien un compañero informa continuamente de lo que pasa, por eso puedo darme cuenta del verdadero peligro en que nos encontramos. La tempestad comenzó el viernes por la noche y dura todavía en la noche del lunes al martes. Se han descompuesto las máquinas del buque, está roto el timón, se ha abierto una vía de agua. Funcionan las bombas de continuo. El capitán hace preparar las lanchas de salvataje. Pero, según dicen las gentes del oficio, no podríamos tampoco desembarcar y aprovechar este último medio de salvación. Un marino resuelto, el *boatswain* (contramaestre), arriesga la vida por nosotros: desciende sujeto a una cuerda deslizándose a un costado del buque para reajustar el timón lo mejor posible, valiéndose de unas cadenas. Después despliegan las velas y tratan de seguir una derrota. El viento de popa nos es favorable. El capitán cree que estamos a ochenta leguas de Vigo, puerto español de Galicia, próximo a la frontera de Portugal. Navegamos orientándonos hacia ese lado, muy despacio, es verdad, pero Dios ha calmado sus elementos y no podríamos estarle suficientemente agradecidos. Si el timón se hubiera roto la noche del sábado, o en la jornada del domingo, no nos quedaba nada por hacer. La tripulación se ha conducido con entereza y valentía extraordinarias; ni gritos ni lamentos ni atropellos: el orden más perfecto en todas partes. Dios, con su grande misericordia, nos ha concedido también a nosotros una gran serenidad. Abro el *Pan cuotidiano*, los versículos correspondientes a los días de mayor peligro dicen así: "Porque él me esconderá en su tabernáculo en el día del mal: esconderme ha en el escondrijo de su tienda: en roca me pondrá alto" (Salmo XXVII-5). Y también: "Mi ayuda has sido, no me dejes y no me desampares, Dios de mi salud" (Salmo XXVII-9). Para el 12: "Espera a Jehová, esfuérzate, esfuércese tu corazón: y espera a Jehová" (Salmo XXVII-14)[1]. Estas magníficas promesas se han cumplido para nosotros.

El miércoles por la mañana, después de haber podido dormir algunas horas, nos despertamos con un tiempo magnífico. El mar refleja el azul intenso del cielo y el horizonte se muestra de admirable pureza. Estamos frente a unos hermosos roquedales que forman el puerto y la bahía de Vigo. Sobre uno de los peñascos se levanta un faro de torre elevada. Según

---

[1] De la traducción de Cipriano de Valera. *(N. del T.)*

avanzamos, la playa se desenvuelve ante nosotros, a la vez grandiosa y graciosa. Los caseríos y las quintas van apareciendo sobre las colinas. Las altas montañas de los Cántabros se levantan en último término. Sus crestas rocosas nos recuerdan las montañas de Suiza y la encantadora bahía donde entramos nos trae a la memoria el lago Leman. No tardamos en anclar frente a la pequeña ciudad de Vigo, construida en anfiteatro, sobre una colina bastante alta, coronada por una fortaleza. Una escollera de piedras blancas avanza en el golfo: vemos ya las fachadas con balcones pintados de verde, la iglesia construida en piedra gris, un convento sobre un promontorio y las casas diseminadas sobre la orilla. En la rada, algunos bricks de elegantes arboladuras se mezclan a las barcas de pescadores. Subimos al puente: el fondo del golfo es admirable. Las montañas, espléndidamente coloreadas, brillan bajo un cielo que en nuestro país parecería hermoso aun en verano… ¡y estamos en el mes de enero! En el centro de la bahía, sobre un promontorio rocoso, se ven las ruinas de un castillo y el faro que ilumina esta parte del golfo. Es muy probable que permanezcamos aquí hasta quince días, esperando las reparaciones del buque o la llegada de otro navío de Inglaterra.

 Han enviado un correo a Oporto, la estación telegráfica más próxima. Entretanto, gozamos del aire puro, del bello cielo, del paisaje encantador. Después de estos días de horrible tempestad, la calma que todo esto proporciona nos hace mucho bien.

31 de enero

Vamos a tierra casi diariamente. La ciudad de Vigo es una de las más originales que haya visto. Las casas, construidas en piedra gris, no tienen por lo general más que un solo piso sobre la planta baja y las ventanas se abren sobre una galería de cristales a cuyos balcones se asoman las señoritas de la ciudad. Éstas llevan con mucha gracia la mantilla española sobre sus lindas cabelleras, que recogen atrás, sobre la nuca, adornándola casi siempre con flores, cintas y alfileres de oro. Son notables en ellas la flexibilidad del talle, la apostura en el andar, los ojos de un negro de terciopelo y la fisonomía, sino siempre bella, por lo menos siempre característica e interesante. Nuestro buque se ve rodeado diariamente de barcas, donde venden naranjas, huevos, pescado, pan, langostas, ostras, etcétera. La gente del pueblo y los campesinos se distinguen por sus trajes regionales, muy viejos casi siempre y en mal estado, pero llevados con un garbo y una gracia únicos. Sobre el muelle, nos complacemos en mirar un pescador, tocado con un gorro frigio de lana roja, la camisa, de franela amarilla, flotante sobre sus hombros; se está ahí, con los brazos cruzados en actitud de estatua antigua. Más lejos, una carreta de ruedas de madera, tirada por dos bueyes soberbios, marcha, dirigida por un muchacho que se apoya en su pica. Su belleza varonil, de rasgos regulares y color tostado, nos recuerda vivamente al conductor de bueyes en el cuadro de Leopoldo Robert. Más allá desfilan algunas mujeres: una de ellas, con velo de lana burda, manto rayado que le cubre los hombros, perfil clásico, la rueca en una mano y la lanzadera en la otra, hace pensar en las parcas de la antigua Grecia. Llegan algunas jóvenes campesinas con esclavinas de paño escarlata, pañuelo a modo de turbante en la cabeza y falda corta que deja al descubierto los pies desnudos. El garbo de su porte y de su andar, la gracia de sus actitudes, les dan aire de reinas. Tienen los vestidos ajados, rotos, hasta haraposos, pero saben llevarlos admirablemente. Pasan también unos arrieros o muleteros andaluces, en sus mulas cubiertas de mantas y de cascabeles, con flecos y adornos de toda especie. Usan polainas recortadas, chaqueta bordada y sombrero de anchas alas, como los campesinos de Andalucía.

Diariamente hacemos paseos deliciosos. Los compañeros de viaje se muestran casi todos muy contrariados por la estación forzosa, pero nosotros lo hallamos muy bien. El aire suave y tonificante nos repone de todas las fatigas; la belleza de los lugares circundantes constituye un motivo de gozo que se renueva sin cesar.

Hemos ido por el lado del fuerte. Al borde del camino, surge entre las rocas un manantial que corre y se derrama en una fuente de piedra donde lavan algunas mujeres cuyas actitudes y gestos nos impresionan vivamente. Próxima a la fuente se ve una campesina sentada sobre una roca; frente a ella una muchacha, ceñida la cabeza con el turbante, y un pañuelo de lana sobre los hombros, le ofrece de beber en un cántaro de la región, semejante a un ánfora romana. Este grupo, con las lavanderas al fondo y una carreta de bueyes a la derecha, forma un cuadro muy interesante; en último término se ven los peñascos, de un rojo oscuro, y la espléndida bahía.

Bajamos a la orilla del mar y visitamos el antiguo convento de San Francisco, transformado en asilo para pobres, desde hace algunos años. El jardín interior, rodeado por galerías y arcadas, tiene algo de morisco. Un hermoso rosal florece junto a una columna. La maestra de la escuela de señoritas, una española muy bonita y amable, corta unas rosas para ofrecérmelas. Nos hace conocer la sala de trabajo, la escuela, la cocina, etcétera. Algunas chiquillas dan muestras de mucha habilidad tejiendo redes para la pesca de la sardina y encajes de altares. Las mujeres más viejas cardan o tejen la lana, o mondan espigas de maíz y hacen colchones de espata. En la cocina hay una inmensa chimenea, sostenida por cuatro columnas. Unos grandes calderos de hierro, colocados sobre la piedra del hogar, componen todo el ajuar culinario. Un manantial que viene de la montaña murmura en un rincón. En el centro, una gran piedra sin labrar, colocada sobre otras dos, sirve de mesa y hace pensar en los altares druídicos. La maestra nos conduce a una sala donde celebra sus sesiones la comisión del asilo. Abre los postigos de madera de una ventana con balcones desde donde se domina un hermoso panorama: en primer término los balaustres de piedra semiderruidos del balcón, luego los naranjales del jardín, cargados todavía de frutos dorados, una linda palmera que parece lanzarse hacia el cielo de un admirable azul; a nuestros pies el mar, y más allá las tres entradas de la bahía, que el sol, ya muy bajo, envuelve en una nube purpúrea mezclada de azul y oro.

Volvemos al muelle, siguiendo la playa, por un barrio de pescadores. Las casas se apoyan contra las rocas y están construidas sobre soportales donde se hacinan canastos, barriles, cajones y desperdicios. Muchas mujeres, sentadas en grupos sobre la arena de la playa, abren las sardinas o las depositan en barricas. Los trajes abigarrados de las mujeres, su tez tostada, que denuncia la sangre árabe, el orgullo con que llevan esos trajes haraposos, todo tiene una fuerte originalidad. Por doquiera encontramos la belleza plástica, la gracia de las actitudes, la poesía del gesto, de la mirada, junto a los harapos, la fealdad y la miseria. Estos contrastes pueden observarse a cada paso entre la población de Galicia.

Enero...

Hemos atravesado la bahía para bajar en la ribera opuesta a la ciudad, donde se extiende una comarca muy bien cultivada. Aquí no nos sentimos asaltados por una nube de pordioseros, como en Vigo. Hacemos un paseo de varias horas. Las viviendas, diseminadas en la campiña, ofrecen muy bonito aspecto, con sus emparrados sostenidos por pilares de piedra, sus graneros construidos sobre pequeñas mesas de granito —como en el Valais—, sus naranjales, cipreses, pinos y mirtos. Hay también casas de campo, de aspecto rústico y feudal que hacen pensar involuntariamente en los dominios de Don Quijote. Se nos ocurre que viviríamos muy a gusto en uno de estos solares que ostentan un mirador, un palomar en forma de torre, largas tapias cubiertas de helechos y zarzas, portalón rematado por una cruz de piedra y escudo con las armas de la casa.

Subimos hasta un pueblecito llamado Mozassa; como hace varias horas que andamos en marcha y el hambre se hace sentir, averiguamos dónde podríamos encontrar una *venta de vinos*[1]. Nos indican un cercado y entramos allí. En un patio, cubierto por un gran parral sostenido por apoyos de piedra, que forma como una sala de follaje, funciona la escuela del pueblecito. La morada del maestro se encuentra a la derecha. En un rincón, bajo las rocas, hay una especie de antro que tiene algo de caverna y de establo a la vez: es la *venta de vinos*. Pedimos a la vieja dueña de casa que nos traiga de almorzar a la misma terraza donde se recrean los chicos de la escuela y nos sentamos sobre el muro cubierto de musgo. Desde allí se ofrece a nuestros ojos la vista más hermosa: hacia la izquierda las montañas, áridas y rocosas en las cimas, con sus faldas animadas por bosquecillos verdes y casitas blancas; a nuestros pies una pendiente que desciende hasta el mar, donde las olas invaden la escollera de guijarros que une la costa con una islita sobre la que se levanta una capilla rematada por una cruz. Frente a nosotros, Vigo, coronada por su fuerte, la rada, el muelle, el convento de San Francisco; al fondo la cadena de los montes Cantábricos, azules como el cielo y el mar, elevando en el horizonte sus cimas dentadas. A la derecha las verdes y rientes penínsulas que avanzan entre las olas con sus

---

[1] En español en el original. *(N. del T.)*

casitas de azotea cubiertas por parrales, sus tapias formadas con fragmentos de rocas y sus bosquecillos de pinos, naranjos y cipreses. A lo lejos, y en la entrada de la bahía, los roquedales velados por una bruma de un azul violeta y, como grandes pájaros que pasaran rasando la superficie de las olas, las velas blancas de las barcas pesqueras diseminadas en el golfo.

30 de enero.

Han reparado el timón y la pieza rota de la máquina, compuesta en el Ferrol, ha sido colocada en su sitio. A las seis de la tarde partimos para Lisboa. No sin cierto pesar abandonamos Vigo, sus costas encantadoras que con tanto placer hemos visitado. Hay que partir, sin embargo, y damos gracias a Dios por habernos acordado el reposo necesario, después de los horribles días de tempestad. Las máquinas se ponen en movimiento, recogen las velas, levamos anclas, el *Tamar* se desliza veloz sobre las ondas. La noche está espléndida. Vemos cómo se borran en las brumas del atardecer, Vigo, su fuerte, sus montañas y los peñascos en la entrada de la bahía. El práctico del puerto abandona el barco y éste se sumerge en las sombras, cada vez más espesas, por entre las olas que empiezan a levantarse. Nos vamos...

31 de enero (por la tarde).

Desde hace algunas horas tenemos a la vista las costas de Portugal, áridas, rocosas, yermas, sin vegetación. De vez en cuando vemos algún fuerte morisco, casi en ruinas, coronando los acantilados o bañando sus cimientos en las olas de la playa. En lontananza se divisan los hermosos montes de Cintra. Vamos acercándonos. Las costas mantienen el mismo aspecto de aridez. Ya tenemos ante nosotros la magnífica entrada del Tajo y entre el mar, sobre un islote, un faro. La costa está poblada de viviendas y molinos de viento, de alas cortas, que giran al soplo de la brisa marítima. Sobre una península rocosa, a la entrada del puerto, se levanta el admirable castillo morisco de Belén, con sus torrecillas numerosas, sus balcones recortados como encajes de piedra, sus ojivas y muros almenados en los que cada ojiva forma un escudo. El pabellón portugués flamea sobre la terraza superior, hacia el lado del mar, y las olas baten de continuo las murallas que se confunden con las peñas de la base. Nada más hermoso que Belén, recortándose sobre los montes azules con sus balcones y torrecillas, su aspecto, entre elegante y guerrero, como un caballero medieval ataviado para una fiesta. Es una página de poesía escrita por los moros y abandonada ahí, en esa tierra que fue suya y que no supieron conservar[1].

---

[1] La torre de Belén no es una construcción morisca, como que data de principios del siglo XVI; corresponde al estilo arquitectónico llamado *manuelino*, genuinamente portugués. *(N. del T.)*

Lisboa, 31 de enero.

Cenamos apresuradamente para poder consagrar la noche a Lisboa. Llegamos a las cinco. La noche está magnífica. La ciudad tiene aspecto majestuoso pero al mismo tiempo algo de frío y árido sobre las altas colinas desde donde descienden las calles hasta el mar. Bajamos en el muelle de la Aduana. En el patio me detengo para admirar una magnífica planta trepadora con flores de un rojo escarlata. En los patios hay palmeras, bananeros y otras plantas africanas. Atravesamos la gran plaza cuadrada, en medio de la cual se levanta la estatua del rey José III. En el crepúsculo bermejo aparece grandiosa, de un tipo entre árabe y europeo, sobre todo en la disposición del caballo. Los grupos del pedestal son de gran estilo y revelan una mano de artista. La plaza es hermosa, pero fría, como la mayor parte de las plazas y calles de Lisboa; estas calles son anchas, las plazas muy vastas y enlosadas de mosaicos, las casas agrupadas en recuadros, pero el todo con un sello de sequedad y aburrimiento. Los carruajes nos divierten mucho por sus formas anticuadas y recordamos los que se atribuyen a M. de Pourceaugnac en la comedia de Molière y al marqués de Carabás, en el cuento de Perrault.

1º de febrero.

Volvemos al correo. Son las seis de la mañana. La ciudad duerme. El alba está espléndida. Recorremos algunas calles de la ciudad alta, que encontramos muy originales, con sus puentes de hierro, pasando por encima de la ciudad baja, con casas semejantes a hermosos conventos, cuyas terrazas ostentan bananeros, palmeras y árboles africanos que rompen la monotonía de los techos. Entramos en dos o tres iglesias. Son sencillas, majestuosas, sombrías. Algunos cuadros nos llaman la atención; por desgracia se hallan mal ubicados y reciben una luz muy mala. Vemos con sorpresa las ruinas del terremoto, dejadas ex profeso aquí y allá, como un recuerdo de aquel memorable acontecimiento. Estos grandes lienzos de pared, con sus ojivas, hacen un efecto extraño entre las demás construcciones. Es un *memento mori* que han hecho bien en conservar. En una de las alturas de la ciudad se levanta el Palacio de las Necesidades, residencia real. Una de sus alas, no terminada, le haría pasar por un edificio escapado del terremoto. Sin embargo, creo haber oído decir que la construcción es muy reciente. Llama nuestra atención la forma morisca de las barcas del puerto, construidas en forma de carabelas, con pinturas de todos colores a proa y popa, y extrañamente talladas.

3 de febrero. Madera.

A eso de la una de la tarde llegamos a Madera. El tiempo está hermoso. Madera tiene aspecto imponente y seductor a la vez. Altas montañas surgen directamente del mar, sin playas, por así decirlo. La ciudad de Funchal se presenta escalonada, alternando sus edificios con jardines de exuberante vegetación. En el horizonte, las montañas aparecen cubiertas de nieve, detalle muy raro éste en el país, según nos dicen, pero que realza la belleza y originalidad del panorama. Hasta en las pendientes más abruptas lucen las casitas blancas, rodeadas de hermosos jardines. Bajamos a tierra en una canoa. Madera no tiene puerto y mucho menos un muelle. La canoa se sacude con violencia entre las rocas de la costa y la marea tan pronto la empuja como la repele. Los marineros, con las piernas desnudas, se arrojan al agua esforzándose por arrastrar el bote, pero pronto llegan los bueyes destinados a esta maniobra. Estos bueyes nos arrastran lo mejor posible, sobre la arena, y pronto aprovechamos el momento en que las olas se retiran para saltar a la playa. En esta forma, no muy agradable ni cómoda, es como hay que abordar en la isla de Madera. Hacemos preparar la cena en un hotelito, muy limpio pero también muy caro, y vamos a recorrer la ciudad y sus alrededores. Todo nos encanta: casas muy pulcras, rodeadas de *verandas* y de balcones donde lucen las flores más preciadas, grupos de palmeras, de bananeros, de árboles de pan y otros árboles africanos, cuyos nombres desconocemos y que forman bosquecillos admirables entre plantaciones de caña de azúcar. Magníficas casas de campo se levantan sobre las colinas. Sus jardines cercados por setos de rosas, geranios y heliotropos florecidos, embalsaman la atmósfera con perfumes enervantes.

7 de febrero. Tenerife.

Por momentos la noche se muestra bella y luminosa. La isla se nos ofrece, entonces, bajo un aspecto fantástico. Las rocas volcánicas y extrañamente recortadas de la costa levántanse a pique del seno de las ondas y dejan ver, por sus grietas y hendeduras, los estrechos valles, que a la luz de la luna tienen un aspecto extraño y misterioso. Los picos aparecen velados por los celajes y las casas blancas de Santa Cruz aparecen o desaparecen según las nubes ocultan o descubren la luna. El mar está ligeramente agitado y por momentos sube hasta muy alto sobre la costa suspendiendo a los flancos de las rocas una espuma plateada que luego resbala y forma una orla brillante al pie del cantil. Partimos en la misma noche, con buen tiempo. Empezamos a sufrir del calor.

8 de febrero. San Vicente (Islas de Cabo Verde).

Estamos a la vista de San Vicente y de su puerto, que se compone de algunos depósitos de carbón y una o dos calles. San Vicente es muy digno de nota: colinas de suelo rojizo y más lejos montañas oscuras y grisáceas, de figuras extrañas, cortadas, tajadas, dentadas en forma de almenas por el fuego que las hizo surgir a la superficie del mar, como inmensos montones de escorias. En realidad, toda la isla es escoria, pero de aspecto maravilloso, bajo un cielo de un azul profundo, bañada por un mar límpido, color de esmeralda. Bajamos a tierra y hacemos un paseo por la ciudad y por la falda de los montes. Todo es africano, el aspecto, el color, el cielo. Los habitantes son todos negros y visten como en África. La belleza de las mujeres y de los niños nos encanta. Las mujeres se sientan a la puerta de sus casas. Llevan en la cabeza un turbante de tela de algodón, rayado; sobre los hombros una especie de bufanda de la misma tela; la camisa blanca deja ver los brazos y el cuello, adornados con collares de abalorios. Hablan con vivacidad y alegría en portugués. Los dientes, de extraña blancura, brillan de manera extraña entre sus labios bermejos.

Rada de Pernambuco, 16 de febrero.

Llegamos después de siete días de plena mar; la travesía nos ha parecido larga y penosa, sobre todo a causa del intenso calor. La atmósfera de los trópicos tiene algo de angustioso para los pulmones europeos. Durante el día el calor es tan fuerte que no sabemos dónde guarecernos. Aunque el aire de la noche es muy húmedo, nos quedamos hasta las diez sobre cubierta.

* * *

Hoy estamos frente a una costa verde, en la que se ven algunas casas formando el borde de un muelle. Por delante se balancea todo un bosque de mástiles; a la derecha hay una faja de arrecifes que enlaza las rocas del faro con la tierra firme; las olas se rompen furiosamente contra la escollera. Es Pernambuco. He ahí, por fin, esa tierra de América, donde vamos a pasar varios años de nuestra vida. No sin emoción saludamos la costa del "nuevo mundo", nuevo también para nosotros. El calor está sofocante y la atmósfera de fuego. A corta distancia del *Tamar* vemos pasar esas curiosas embarcaciones que llaman *zangadas* y que solamente se ven en Pernambuco; los negros las emplean especialmente para ir de pesca. Se trata de una especie de balsa pequeña, formada por tres vigas, ajustadas una contra otra. En uno de los extremos se levanta un pequeño mástil, con una vela corta y verga circular, que le da, de lejos, el aspecto de un cartucho de papel resbalando sobre el agua. Dos hombres se mantienen sobre la embarcación, que lleva también un banquito y un cesto para recoger el pescado. Los negros van metidos en el agua, hasta media pierna, y tan perfecto es el equilibrio en este sencillo aparato, que no hay ejemplo de que haya volcado nunca una de estas *zangadas*. No es raro —según dicen— ver a los negros viajando de esta manera hasta Bahía, siempre a escasa distancia de la costa.

Bahía, 18 de febrero.

La ciudad de Bahía tiene aspecto muy bonito, edificada sobre una colina que domina el golfo. Entre la ciudad resaltan los jardines de admirable verdor, propio de la vegetación del Brasil. El calor es tan intenso que nos aconsejan no bajar a tierra, y además Bahía —según nos informan— gana mucho, como todas las ciudades brasileñas, vista de lejos. Nos quedamos, pues, a bordo del *Tamar*, para conservar nuestras ilusiones. Pasan las barcas de los naturales del puerto, semejantes en mucho a las embarcaciones chinas; luego las *zangadas*, que parecen restos de algún naufragio, flotando a merced de las olas; después unos barquitos, hechos de un tronco de árbol ahuecado y que un negro dirige, solo, inmóvil, de pie, el remo en la mano, como estatua de bronce, dejándose guiar por la corriente.

La esclavitud en el Brasil, no obstante manifestarse bajo forma muy suave, comparativamente a la América del Norte, nos ha impresionado profundamente. Sentimos que pesa una terrible maldición sobre este régimen que constituye una continua violación de la dignidad humana. Hay en la atmósfera moral de este magnífico país, de esta naturaleza espléndida, algo de triste, de afligente, que clama venganza. Cuando vais al fondo de este sentimiento indefinible, descubrís que para vosotros, hombres libres y pensantes, esa impresión infinitamente melancólica, desalentadora, se resume en esta abrumadora realidad: aquí reina todavía la esclavitud de los negros.

Río de Janeiro

20 de febrero.

A las cinco de la mañana entramos en la Bahía de Río de Janeiro, uno de los sitios más hermosos del mundo. El navío avanza sobre un mar tranquilo y terso como un espejo. Se abre ante nosotros el inmenso golfo rodeado de montañas. A la izquierda, parece surgir del seno de las ondas el gigantesco peñón llamado Pan de Azúcar; a la derecha, otras rocas volcánicas de formas extrañas, emergen entre una vegetación admirable. El sol se levanta detrás de los montes, tiñendo de una coloración rosa pálida esta naturaleza fantástica. Avanzamos con rapidez. Pronto se desarrolla ante nuestros ojos el espectáculo de la ciudad, o por mejor decir de las varias pequeñas ciudades que componen Río de Janeiro: barrios muy bien distribuidos, con sus iglesias y sus torres, unos como acurrucados entre las frondas, otros que avanzan hasta el mar y parecen bañarse en las pequeñas ensenadas de la bahía, otros que se escalonan en la montaña. Un soberbio acueducto, obra de los portugueses

—que han sobresalido siempre en estas construcciones— trae hasta Río de Janeiro el agua pura y fresca de sus fuentes y manantiales. Numerosas islas animan el inmenso golfo, varias de ellas coronadas por fortalezas militares. Las paredes blancas y las capillas de cúpulas redondas recuerdan las construcciones moriscas. Hermosas palmeras se balancean por encima de los muros, en los patios interiores, y las anchas hojas de los bananeros proyectan su sombra sobre el borde de las tapias. Más arriba de las casas y de los jardines, se destaca el follaje siempre verde de la selva virgen, y arriba de las selvas los picos volcánicos de la Tijuca, el Corcovado, el Pan de Azúcar. Las aristas vivas de las montañas, las agujas, los dientes como diríamos en los Alpes, se dibujan sobre el cielo, de un azul incomparable. Estamos frente a la parte principal de la ciudad, cuyas cúpulas, torres y palacios destellan al sol de la mañana. Vamos luego a echar el ancla cerca de una isla pequeña, casi al fondo de la bahía. Desde allí podemos contemplar el lado opuesto de Río, los peñascos aislados en el mar, las campiñas rientes, las *villas* hermosas escondidas, como nidos de pájaros, entre frondas y flores. Más allá, en el horizonte, se divisan las cimas lejanas y azuladas de las montañas interiores.

Hay gran movimiento en el golfo; centenares de barcas van y vienen sin cesar, conducidas por sus remeros negros. Dada la caprichosa distribución de la ciudad y la distancia existente entre unos y otros barrios se ha establecido un servicio de barcas de vapor que parten cada media hora con diversos itinerarios. Estos vaporcitos atraviesan la bahía en todas direcciones. El puerto cobra animación con la presencia de barcos mercantes de todas las banderas. Verdaderos bosques de mástiles, con pabellones multicolores, se balancean al soplo de la brisa. Difícil es dar un trasunto de la belleza de esta ciudad. Imaginad la magnífica naturaleza alpestre, unida a una vegetación exuberante de inusitado esplendor, encuadrada por el mar, inundada de luz resplandeciente, bajo un cielo muy azul y formaréis una idea aproximada de Río de Janeiro.

El calor es tan intenso, que el Agente del Resguardo, llegado de la ciudad, nos aconseja no bajar a tierra. Al día siguiente viene a buscarnos una barca para llevarnos al barrio de Botacalzados, pero los esclavos andan descalzos, en su mayoría. Algunos, pertenecientes a mansiones lujosas, lucen lindas libreas. Los trajes y atavíos de estas gentes son, por lo general, muy pulcros y las telas blancas brillan por su limpieza.

Pasamos frente al Hospital, a la orilla del mar. Es un magnífico edificio de grandes proporciones. No disponemos de tiempo para visitarlo. Está atendido, en forma excelente, según nos dicen, por religiosas de San Vicente de Paul. En momentos de pasar por allí llegan dos negros conduciendo una hamaca de paño muy espeso, cuidadosamente cubierta. Es un enfermo que llevan al Hospital.

Entramos por una calle, a uno de cuyos lados se extiende un jardín público. Al través de la verja que lo circunda vemos el interior del jardín: hay avenidas de árboles majestuosos y, bajo sus ramajes, bosquecillos florecidos, setos de rosales, heliotropos, hibiscos purpúreos y cantidad de otras especies que en Europa cultivamos en invernaderos.

El pavimento de las calles es tan malo en Río, y da tales tumbos la calesa, que sentimos algo así como una repetición del mareo. Pero ni el cochero ni el tiro se guardan para nada de evitar los pozos y montículos por donde el coche salta, cae y vuelve a subir, inclinándose sobre uno y otro lado. Por fin llegamos a la entrada de un camino cavado en la montaña, no lejos de un bosque de bananeros. Bajamos del carruaje para escalar una pequeña cuesta bastante empinada que conduce a la quinta adonde nos dirigimos. Los barrancos escarpados que orillan los caminos aparecen cubiertos de flores, entre otras de soberbias petunias silvestres. Entramos en un parque que tiene mucho de selva virgen, muy apropiado a este país de sol y de clima ardiente, en que la sombra es una necesidad. Multitud de arbustos revestidos de olorosas flores unen sus copas sobre el claro de los senderos formando bosquecillos umbrosos y frescos. Un lindo pequeñuelo duerme bajo los árboles en una carretela de mimbre. Enormes laureles rosas, grandes como nuestros castaños de Europa, extienden sus ramas floridas hasta muy cerca de la puerta de entrada. Los propietarios de la finca nos reciben con exquisita gentileza. Almorzamos en un salón comedor que se abre sobre el jardín. El panorama que se domina desde el primer piso es sorprendente. Encantadoras campiñas nos circundan; las masas de follaje y los edificios de las *villas* se escalonan y descienden hasta el mar tranquilo que brilla como un espejo de cristal azulado. Por todas partes, las palmeras, los bananeros, los cocoteros, se elevan entre arboledas florecidas, balanceándose con gracia sobre el fondo azul del cielo y las aguas límpidas de la bahía. Las flores más preciosas se dan aquí sin cultivos ni cuidados especiales. En ninguna parte —a excepción de Madera— hemos visto una vegetación tan exuberante y rica de color.

Tras algunas horas de visita en casa de nuestros amables huéspedes, nos despedimos para volver al *Tamar*. El coche ha buscado refugio a la sombra de los bananeros; nos instalamos y emprendemos camino, al galope de las mulas y bajo la guarda del mulato que las dirige. Llegados a la plaza del palacio, queremos apearnos y damos gritos al cochero para que detenga la marcha... pero éste se esfuerza en vano por sujetar a las mulas que siguen dando vueltas como en un circo y hacen así tres veces el recorrido en torno de la plaza. Por fin se detienen cuando les viene en gana y aprovechamos el momento para saltar a tierra. Preguntamos al conductor lo que esto significa y nos contesta que sus mulas no están acostumbradas a detenerse en ese sitio, sino en la estación destinada a los coches de plaza, por eso es difícil obligarlas a seguir otra dirección. En verdad que hemos podido comprobarlo muy bien... Comentando la obediencia de estos animalitos, entramos en un edificio en construcción, que sirve como sala de espera de los vapores que cruzan la bahía. El amable *cicerone* quiere obsequiar con algunas frutas a los niños y mientras las elige permanecemos en el desembarcadero. Desde la sala de espera nos toca asistir a la llegada y salida de varios barcos. Presenciamos así el más divertido y pintoresco desfile que sea dable imaginar. Pasan por allí todos los representantes, todos los *especimens* de la sociedad brasileña: criollas adineradas, vistosamente ataviadas con trajes de tafetán azul, amarillo, rosa, cereza, con mantillas blancas o negras, con sombreros parisienses de colores muy vivos, cuajadas de joyas, portadoras de lujosos abanicos; niños acicalados con el mismo boato pero casi siempre de pésimo gusto; pasan todas las variedados imaginables de negros y mulatos, los hay retintos, cobrizos, verdosos, amarillentos, luciendo las más extrañas indumentarias; las mulatas peinan sus cabellos motosos a la última moda y los adornan con agujas de oro, con perlas y corales, visten trajes de gasa, de tul, de muselina, recargadas de toda especie de adornos. El conjunto tiene apariencia fantástica; diríase que todo este gentío ha dado una zambullida en el arco iris; tal es el abigarramiento de colores que relucen por todos lados en ese oleaje de cintas, de flores, de penachos, que pasa y repasa sin cesar.

No deja de sorprendernos la palidez extrema de los rostros. Entre toda esa multitud, como entre las personas que hemos visto en nuestra gira por la ciudad, no hemos encontrado un solo individuo —hombre, mujer o niño— que ostentara el buen color y el aspecto saludable que se observa en las razas europeas. Las mujeres son, en su mayoría, o bien en extremo delgadas o excesivamente gordas y muy raras las que puedan llamarse bellas. Los individuos de raza negra y los mulatos son generalmente grandes, fuertes y bien proporcionados pero desprovistos de toda gracia y atractivo.

Ha llegado el momento de tomar nuestra barca y volvemos al *Tamar*. El calor se ha puesto sofocante y sentimos un alivio al respirar la atmósfera más fresca del salón, en el buque. Sigue la carga de carbón; los negros conducen cantando sus cestas cargadas de hulla; dos de ellos han fabricado, con caños de regaderas y guijos, unos aparatos a modo de cascabeles con los que acompañan sus cantos. Súbitamente, la fila se agita en saltos y bailes, como los niños; prorrumpen los negros en gritos de alegría y agitan sus instrumentos improvisados. Una vez más podemos advertir la lentitud, la negligencia con que se cumple la labor, el número excesivo de peones y toda la desorganización que supone el trabajo realizado por esclavos.

Fuerza es terminar los preparativos para salir del *Tamar* y trasladarnos a bordo del *Prince* que —a falta de la *Camila*, en reparación— debe conducirnos a Montevideo y a Buenos Aires. A eso de las cuatro nos despedimos del capitán y de los oficiales del *Tamar*. No sin emoción decimos *adiós* al buen capitán que tan valiente supo mostrarse en el naufragio, evitándonos en lo posible las angustias de una horrible situación. En pocas palabras le expresamos nuestra gratitud, a lo que responde modestamente que sólo ha cumplido con su deber y que Dios ha dispuesto todo. El segundo capitán toma en brazos a nuestros niños y los deposita en la barca que ha de llevarnos hasta el *Prince*. También nos acompaña el agente de la Prefectura, hombre amable e instruido con quien hemos conversado a menudo en el *Tamar*.

Llegamos al *Prince*, que comparado al *Tamar* es una cáscara de nuez. El capitán y oficiales nos reciben con extrema cordialidad y hacen todo lo posible por instalarnos cómodamente. El *Prince* tiene capacidad para quince pasajeros y somos cuarenta y cinco. Los mozos de servicio han debido ceder sus camarotes a los viajeros. El capitán me pone a elegir entre un camarote de familia en segunda clase o el alojamiento, por separado, en diversos compartimentos de primera. Yo opto por el camarote de segunda y lo ocupamos inmediatamente. Sobre el techo tenemos los corderos, los pollos, las cadenas del ancla y tres o cuatro grumetes que ahora se han trabado en lucha encarnizada. Para llegar a nuestro albergue hay que pasar frente a las máquinas, por una atmósfera de horno, y junto a la cocina, cuya sola vista es suficiente para alejar el apetito. Así y todo, la gente de primera clase envidia nuestra suerte. Por lo menos, estamos todos juntos, mientras ellos andan dispersos, durmiendo sobre los sofás del comedor, donde no es fácil conciliar el sueño durante buena parte de la noche, a causa del ir y venir de los oficiales de guardia. Estos infortunados compañeros disponen apenas de un lavabo para cada diez personas y carecen de los objetos de *toilette* más necesarios. Las señoras se hallan instaladas en un camarote común que recibe todos los olores de la cocina, etcétera…

Una vez acomodados los niños y arreglado el equipaje, subimos a cubierta para gozar en lo posible del admirable golfo de Río. Como a las cinco de la tarde partimos y tenemos ocasión de contemplar una vez más todos los esplendores de la bahía. En pocos momentos llegamos hasta el pie del fuerte de Santo Domingo, que cierra la entrada del puerto. El capitán, como es costumbre, ordena moderar la marcha del buque; hacen desde el fuerte las señales convenidas y él contesta mostrando sus papeles; seguimos a marcha muy lenta; al cabo de pocos minutos vemos brillar uno de los cañones del fuerte; es que disparan con pólvora en dirección a nosotros; continuamos la marcha sin sospechar que esa señal viene dirigida a nuestro buque; unos minutos más se pasan; suena otro disparo y esta vez se trata de una bala de cañón que pasa silbando sobre nuestras cabezas. Todos se preguntan lo que esto significa. El capitán ordena volver atrás y en momentos en que el buque maniobra se oye un tercer estampido; el proyectil pasa más cerca de nosotros que el anterior y se hunde a poca distancia, en el mar; nos agachamos sin alcanzar a darnos precisa cuenta de lo que puede suceder. Otra bala de cañón, la cuarta, pasa sobre nosotros, pero esta vez entre los mástiles del barco; un poco más y los partía por la mitad. Crece la sorpresa y el suceso resulta inexplicable. Unos oficiales ingleses, compañeros de viaje, que han hecho la campaña de Crimea, ponen gestos severos y cavilosos; el ruido de las balas ha despertado en ellos reminiscencias de la guerra. Nos detenemos al pie del fuerte. El comandante del buque baja a una canoa y va a pedir cuenta de la extraña actitud mantenida para con nosotros. El jefe del fuerte es un brasileño; está ebrio a punto de no saber lo que dice, mucho menos lo que hace, y se jacta de haber ordenado el bombardeo, porque el capitán no ha mostrado los papeles. El oficial replica que sí lo ha hecho, levantando los papeles en el aire como es costumbre, y por lo demás, el *Prince* hace el servicio de las *Messageries Royales* entre Río y Buenos Aires, por lo tanto no es un barco desconocido. El jefe del fuerte no quiere ceder y se obstina en multar al capitán, o por lo menos hacerle pagar el importe de las balas. El capitán del *Prince*, para terminar de una vez, consiente en pagarlas y vuelve a bordo. Pero en ese momento, y para colmo de mala fe, el jefe brasileño, viendo que el sol declina en el horizonte, resuelve que ya se ha entrado, hace arriar la bandera del fuerte y ordena que ningún navío salga de la rada esa noche. Volvemos al golfo. El comandante de la fragata francesa *La Poursuivante*, que ha oído el bombardeo y visto nuestra maniobra, manda un oficial a bordo para inquirir de qué se trata y ofrecernos auxilios en caso necesario. El capitán expone en pocas palabras el proceder incalificable del oficial brasileño, asegurando que el gobierno inglés tomará cuenta de lo ocurrido. El incidente nos causa mucha desazón y retarda nuestro viaje hasta el día siguiente. Durante el día el calor ha sido sofocante pero la noche está fresca y húmeda; en los camarotes, las camas y muebles están mojados como las paredes de una caldera. Los pobres mozos del servicio, que han cedido sus camarotes a los viajeros, pasan la noche sobre cubierta, expuestos, después de un día tórrido, al aire de esta noche glacial. Cuatro de ellos caen enfermos. Los instalan junto a nuestro camarote, en una especie de vestíbulo con angarillas, como suele haber en los barcos.

Por la mañana, a las nueve, partimos. El mar está agitado, el viento fuerte y la navegación se hace difícil. Durante cuatro o cinco días seguimos de esta guisa; dos de los enfermos se restablecen completamente, uno mejora, pero el cuarto va de mal en peor. Desde nuestro camarote lo oímos hablar y gemir, delirando. Hace días que ha perdido el conocimiento y no puede volver en sí. Sus compañeros lo cuidan solícitamente. El médico del barco lo encuentra muy mal y cree que no se salvará.

En el Río de la Plata

1º de marzo.

Entramos en el Río de la Plata, que mide en su desembocadura cien leguas de ancho, según lo indica la carta marítima. Desde el navío vemos, a nuestra derecha, las colinas bajas y herbosas de la República Oriental del Uruguay. De tiempo en tiempo, se divisa alguna casa de ladrillos con techo de paja: son los *ranchos* o habitaciones de las estancias. Estamos frente a las islas de Flores y de Lobos; en la primera se levanta el faro que señala a los buques los escollos y arrecifes del Banco Inglés. Al caer la tarde, divisamos una colina, algo más elevada que las otras y que llaman el Cerro: frente a esta especie de montaña se levanta Montevideo. La ciudad tiene un aspecto oriental, con sus iglesias de cúpulas redondeadas, sus casas de azotea, sus murallas blancas y su cielo muy azul. Solamente hacia la parte izquierda del puerto, entre los mástiles de los navíos, aparecen árboles y follajes. Montevideo está construida sobre un arrecife formado por rocas de cuarzo. Por el lado de la rada se levanta un pequeño fuerte, parodia de las fortificaciones europeas. En los alrededores de la ciudad se producen frutas excelentes; nos han traído duraznos, uvas, manzanas, higos blancos y negros, de gusto exquisito. Las uvas son muy grandes y de forma alargada, como las de Grecia e Italia.

Como en Río hay fiebre amarilla, nos ponen en cuarentena y se hace imposible bajar a tierra. Diez de nuestros compañeros de viaje vienen con destino a Montevideo, pero por orden de la Sanidad, se ven obligados a pasar cuatro días en la isla de la Libertad, también llamada *de las Ratas*, pequeño arrecife con una casa de mal aspecto, que sirve de lazareto y se llueve por todas partes. El médico del lazareto hace también de posadero y esquilma en lo que puede a los viajeros prolongándoles la cuarentena. Como el barracón apenas si tiene cuatro paredes, hay que pagar aparte el lecho, los muebles y la comida. Los compañeros de viaje se embarcan en los botes con sus maletas. Les deseamos conformidad en la isla, aconsejándoles la caza de ratones como pasatiempo y pasteles de ratones para suplir el escaso condumio que les está destinado. Desde a bordo, y en alta voz, hay quien les indica recetas para preparar coteletas de rata y bistecs de lo mismo. Con todo, parten alegremente, deseándonos un buen viaje, sin sospechar, como no lo sospechamos nosotros, las vicisitudes que nos esperan.

La Sanidad se muestra en extremo severa. Mandan una bandera amarilla, para ser izada en el buque. El médico en vano argumenta que sólo tenemos un enfermo a bordo (el segundo *maître d'hôtel*) y que no se trata de fiebre amarilla. Pero no importa: apenas si permiten acercarse a los barcos proveedores de carbón. Los sacos vacíos no entrarán tampoco de inmediato en Montevideo; tienen que purificarse previamente en la isla de las Ratas. Estos ridículos temores nos causan mucha risa. En la tarde del segundo día, partimos para Buenos Aires. Muy de mañana estamos en la rada exterior. Del pontón de guardia, nos gritan: "¡Cuarentena!". Hay que detenerse allí. El calor es sofocante; el aire abrasa; pronto sufrimos de sed, porque no podemos acostumbrarnos al agua del Río de la Plata, que con todo será en adelante nuestra única bebida. Esta agua es salobre, amarilla, nada fresca y desagradable a la vista. Dos días pasan; no llega noticia alguna. Los oficiales van hasta el pontón para inquirir los motivos de ese proceder. Se les dice que en Buenos Aires ha corrido la voz de que tenemos a bordo fiebre amarilla, y que la cuarentena será rigurosa. Mientras esperamos respuesta de un mensaje dirigido al cónsul inglés, permanecemos en la rada exterior, sacudidos por un rudo *pampero*, o viento del sur, muy peligroso. Buenos Aires carece de puerto natural y no es raro ver romperse las cadenas de las anclas, y las embarcaciones arrojadas sobre la costa, por la violencia del pampero. Todos los años se pierden así algunos barcos. Nuestra pequeña embarcación se agita como una hoja en el viento. Nadie se atreve a llegar hasta nosotros. Diríase que han trazado un círculo mágico alrededor del *Prince*, para impedir el acceso de todo ser humano.

 Entretanto, corren en Buenos Aires los rumores más extraños. Los paseantes del muelle, armados de catalejos, examinan nuestro barco. Hay quien tiene la seguridad de que han muerto todos los pasajeros. Algunos más razonables observan que, por lo menos el cocinero y el maquinista, deben de estar con vida porque todavía sale un poco de humo por la chimenea. Pero al día siguiente parece que el humo ha cesado y los paseantes deciden que todos hemos perecido. La noticia se difunde por la ciudad. La oficina de Sanidad la recoge. El cónsul inglés es mal recibido y el jefe de la oficina le ordena que nos haga conducir a Martín García, distante doce leguas de Buenos Aires, para tenernos allí doce días por lo menos. El cónsul reclama contra esta medida bárbara, por lo menos arbitraria, dado que Martín García es una isla casi desierta, donde no encontraremos acaso ni un refugio, ni tendremos qué comer si no son coteletas de tigre como los bistecs de rata recomendados a nuestros compañeros, en Montevideo. Tal es la noticia que traen provocando nuestras protestas. Hablan también de mandarnos por doce días a la Ensenada, pequeña fortaleza de la costa, a catorce o quince leguas de la ciudad.

* * *

En la noche del tercer día hemos oído quejas y estertores continuos del pobre vecino enfermo y no hemos podido dormir, porque los camarotes están muy próximos. Pasamos parte de la noche en oración por este desgraciado, a quien le suena su última hora. Al amanecer, todo se tranquiliza; a las cinco puedo oír al médico que sube la escalera contigua al camarote. Se oyen otras idas y venidas. Nos levantamos. El tiempo está hermoso. Voy a informarme del estado del enfermo y encuentro el lecho vacío... ha dejado de sufrir. Cuando subimos al puente, ya han terminado los preparativos para la inhumación. El cadáver, amortajado con las mantas del lecho y envuelto cuidadosamente en otra sábana, ha sido depositado en un pequeño bote amarrado al *Prince*. Lo cubre, como es de práctica, la bandera inglesa. Este incidente acaba de contristarnos; será imposible ocultar el deceso, deberá hacerse la declaración, y... ¡Dios sabe las extravagancias que todo esto puede todavía provocar!

Dan aviso al pontón de lo ocurrido. Ese mismo día, viene nuevamente el cónsul inglés. En la oficina de Sanidad, horrorizados con lo que acaba de suceder, nos niegan ahora hasta el permiso para bajar en Martín García o en la Ensenada... La barca del cónsul, que nos trae la desconsoladora noticia, se mantiene a distancia y los marineros reciben los despachos valiéndose de unas enormes pinzas. Uno de ellos, armado con ese aparato, toma las cartas y las sacude en el fondo de la embarcación como si se tratara de un reptil venenoso. El cónsul perora, a la distancia. Sopla un fuerte viento y el bote va de un lado a otro, pero los hombres de la tripulación por nada tomarían con la mano las amarras del *Prince*. Para eso, como para lo demás, se valen de sus pinzas...

* * *

Seguimos esperando. El cónsul vuelve todavía, otra vez, para decirnos que la Sanidad exige que den sepultura al cadáver en una isla del Paraná, cerca de Martín García. En cuanto al pasaje, el cónsul ha sido autorizado para hacernos volver a Montevideo, con la seguridad de que *El Pampero* o el *Menín* —los barcos del servicio ordinario entre Montevideo y Buenos Aires— nos recogerían al día siguiente.

Nos marchamos por la noche, pero el capitán declara que no puede hacer el rodeo de Martín García para dar sepultura al cadáver y decide arrojarlo al mar, según acostumbran los marinos. A eso de las nueve, el *Prince* se detiene. La tripulación y los pasajeros se reúnen sobre el puente. La noche está hermosa y la luna deja caer sobre las ondas su inmenso lienzo blanco, que el viento agita levemente. La barca mortuoria se acerca a la escalera. Dos marineros bajan al bote y depositan el cadáver en una tabla, de través, sobre la embarcación. Lo cubre la bandera inglesa. Tomadas estas disposiciones, el capitán comienza a leer el oficio de difuntos, según la liturgia anglicana, oficio muy solemne, compuesto de versículos de la Biblia adaptados a las circunstancias. Cuando ha leído los pasajes relativos a la inhumación del cuerpo mortal, que es polvo y en polvo se convertirá, ordena: "¡Arrojen el cadáver al mar!". Los dos marineros inclinan suavemente la plancha, entreábrese la superficie plateada y recibe entre dos surcos el sagrado depósito; una ligera ondulación estremecida sube a flor de agua; la bandera queda en el bote, cubriendo la tabla vacía. El capitán lee los versículos que hablan de la resurrección, de la seguridad de la vida eterna y la salvación por Cristo. Esta ceremonia nos impresiona vivamente y nos retiramos buscando el silencio y el recogimiento interior. El *Prince* se pone en marcha y algo más tarde vamos a los camarotes.

Al día siguiente, 7 de marzo, estamos nuevamente a la vista de Montevideo. Pero ocurre que el *Menín*, llegado la víspera, ha traído a esta ciudad las alarmas desatinadas de Buenos Aires. Con esto, no nos dejan abordar ni en la isla de las Ratas. El médico que señaló cuatro días de cuarentena a nuestros compañeros, ha sido destituido; su sucesor deberá exigir en adelante una cuarentena de veinte días. Los pasajeros se reúnen para hacer una declaración de protesta ante el capitán y el cónsul inglés, reclamando contra toda cuarentena fuera de Buenos Aires, que es el lugar de destino adonde la compañía debe conducirnos por cualquier medio. Se dice que el *Prince* no puede esperar por más tiempo, teniendo que volver a Río de Janeiro. Hablan de hacernos retornar a Río, pero esto importaría recomenzar las cuarentenas y sería el cuento de nunca acabar. Llevamos ya sesenta días de navegación, un tiempo superior al empleado por los veleros en sus más largas travesías. La protesta, firmada por todos, es entregada al cónsul. La compañía hace buscar al piloto de la flota inglesa, don Manuel Genois, que está en nuestro buque, desde que pasamos por Montevideo, la primera vez. Lo encargan de buscar un barco de vela que nos conduzca a Buenos Aires. Un día se pasa, entre búsquedas, propuestas y tratos porque los patrones se niegan a tomar pasajeros apestados. Encuentran por fin un barquero porteño, que se hace cargo de nosotros, por un precio exorbitante. Don Manuel viene a traernos la noticia. El barco se llama *La Ninfa del Plata*. Debemos estar listos para el día siguiente a las nueve de la mañana. *La Ninfa* es una goleta genovesa que en otro tiempo hacía el viaje entre Buenos Aires y Montevideo. En aquellas épocas pertenecía a don Manuel. El propietario actual es un viejo avaro, desagradable, nada complaciente. *La Ninfa* tiene capacidad para diez pasajeros y somos veintidós. No hay camas para todos; el capitán del *Prince* proporciona los colchones que faltan. Don Manuel, que nos ha tomado simpatía y se muestra lleno de bondad con nuestros pequeños, les hace traer manzanas de Montevideo y dos grandes botellas de leche. Temiendo a la invasión de los ingleses, se adelanta él mismo hasta *La Ninfa* para reservarnos camas y colchones. Este hombre bondadoso no se reserva nada para sí y tengo que insistir para hacerle aceptar una manta y un almohadón con los que se arreglará sobre cubierta.

10 de marzo.

A las nueve estamos a bordo de *La Ninfa*. Dos oficiales del *Prince*, que han sido muy cariñosos con nuestros niños —al punto de que a éstos se les hace dura la separación—, nos acompañan al barco y nos dejan instalados allí. El camarote común de la goleta ha sido dividido en dos, por medio de lonas y velas de barco. La división del fondo queda reservada para las señoras y los niños. Allí me instalo con armas y bagajes. Está con nosotros una señora de Río y su hijita, personas muy poco amables. También está Mistress P..., una inglesa muy afable y gentil, que viaja con nosotros desde Inglaterra. Viene en compañía de su marido, el capitán P... y de sus dos inseparables comensales, un gato y un perro. La presencia del perro, a bordo, no se hace notar particularmente, pero la del gato parece que hubiera podido costarnos cara, de no ser el animal como lo es, de una blancura perfecta. Para los tripulantes del *Tamar*, ese maldito gato había sido el causante de la tempestad que sufrimos en Southampton; si hubiera sido negro, decían, el naufragio era inevitable; no nos quedaba nada que hacer. Estos rumores amenazantes llegaron hasta mistress P... y acrecieron su solicitud por el animalito, que debía seguir con ella hasta el Paraguay, adonde viajaba con su marido. Mistress P... pretendía tener consigo a Poussy en el estrecho reducto en que nos encontrábamos. Yo me opuse amablemente arguyendo que la compañía podía molestar a los niños. La dama no insistió y Poussy fue alojada sobre el puente, en una especie de jaula para pollos.

Por fin partimos con viento favorable y tiempo muy hermoso. Comemos sobre cubierta, distribuidos pintorescamente y arreglados a la buena de Dios. Don Manuel, con toda presteza, nos hace llegar los mejores trozos y nos recomienda con un gesto al mayordomo Francesco, que como Maese Jacques, en *Harpagon*, acumula numerosas funciones y dignidades a bordo de *La Ninfa*.

11 de marzo.

Por segunda vez avistamos Buenos Aires; pero, al pasar cerca del portón de guardia, la terrible palabra *cuarentena*, gritada con una bocina, nos cierra el paso una vez más. Se dejan oír clamores y protestas por todos lados. El capitán y el piloto se trasladan al pontón para pedir que nos visite el oficial de sanidad, quien podrá comprobar nuestro perfecto estado sanitario. Pero todo es inútil. Nos muestran dos banderas, una roja, otra amarilla, izadas en el mástil del bauprés, advirtiéndonos que no estaremos en libertad hasta que se hayan arriado los dos pabellones.

12 de marzo.

El viento pampero, violentísimo, nos sacude como hoja en un torbellino. Esto nos causa mucha desazón. Las noches son frescas y los pasajeros se dejan estar sobre cubierta, envueltos en sus cobertores. Pronto se dejan sentir las fluxiones y los resfríos. El menor estornudo ya me parece de mal agüero porque contribuye a agravar nuestra situación, ofreciendo un nuevo síntoma alarmante para esta implacable Sanidad, que habrá de explotarlo, prolongando nuestro exilio.

Al día siguiente por la mañana, muy temprano, oigo un diálogo muy animado entre el bueno de Francesco y el capitán P... Mi nombre, pronunciado con énfasis por Francesco, atrae mi atención. Por una hendija del tabique de lona, veo la escena y advierto de qué se trata. Francesco, ocupado en sacar algunas provisiones para el almuerzo, ha puesto de manifiesto una botella de leche destinada a nuestros niños. Visto esto por Mr. P..., se ha dado a perorar en un grotesco francés, refiriendo un suceso ocurrido durante la noche. Dice que *le chatte de moua avé oune pitit chat ce nouïe et je desire du lée pour le mamá.*

Francesco responde con indignación concentrada:

—*Señor, ce lait est pour les enfants de la señora et no por animal.*

—*Mais ioune poue, ioune poue* —insiste el caballero, con ademán cómico y suplicante, frente al gesto inexorable de Francesco, que farfulla irritado:

—¡*Bueno, bueno, donner al chat de l'inglesa* la leche de los niños, no, no!...

Yo pongo fin a la discusión, sacando la cabeza fuera del tabique improvisado, y haciendo señas a Francesco para que ceda una porción de la leche tan codiciada. Francesco obedece murmurando y con un encogimiento de hombros. Yo disminuyo visiblemente en su buena opinión, pero gano mucho en el concepto de Mistress P..., mi vecina de cama, que, habiendo visto y oído lo que pasa, grita en inglés a Mr. P. que debe estar agradecido por mi generosidad. Vamos después a visitar a la madre y al bebé, un precioso gatito blanco como la nieve, al que damos el nombre de Cuarentena en recuerdo de las circunstancias inoportunas de su nacimiento...

13 de marzo.

Ninguna señal de liberación. El pampero continúa y la situación es cada vez más desagradable; de un momento a otro, puede hacerse peligrosa; el terrible portón está siempre ahí, adornado con sus dos odiosas banderas. Para colmo, me he golpeado la cabeza contra el mástil de bauprés, y sufro muchas molestias.

BUENOS AIRES

14 de marzo, 11 de la mañana.

Estoy en el camarote de las señoras, ocupada en el arreglo de los niños, cuando de pronto se deja oír un *hurra* de alegría, acompañado de exclamaciones y aplausos. Ya estamos libres; las dos banderas han corrido a lo largo de los cordajes y ya no flamean como burlándose de nosotros. El oficial del pontón sube a bordo para decirnos que podemos entrar en Buenos Aires; algunos compañeros de viaje se embarcan en la misma lancha que ha traído la orden de la Sanidad; uno de ellos se encarga, por cortesía, de enviarnos una ballenera y reservarnos habitaciones en el mejor hotel de la ciudad. Viene otro barco para llevar a tierra el resto del pasaje y quedamos solos a bordo. El viento arrecia de tal modo que el capitán no está seguro de que podamos desembarcar esa misma noche. Pero nuestros deseos de dormir en tierra son muy grandes. Por fin se divisa una vela en el horizonte: es una ballenera que lucha con las olas dando bordadas y haciendo un largo rodeo para llegar hasta nosotros.

Pronto reconocemos el fanal colorado y blanco de las chalupas de Santiago, el botero encargado de conducirnos. Estamos listos; el embarque se hace molesto y hasta peligroso; ¡pero qué importa! Nos dejamos resbalar sin miedo desde el navío a la barca y no tardamos en encontrarnos todos juntos; los niños han sido confiados, como en otras ocasiones, al cuidado y la destreza de los marineros. El bueno de Francesco, dudando de que los dos hombres de la barca puedan cumplir sin riesgos la maniobra —porque el viento sopla de más en más—, viene con nosotros y nos presta una gran ayuda. El cielo está magnífico; nos acercamos a Buenos Aires en medio de un crepúsculo admirable. Las torres y edificios de la ciudad se recortan sobre un horizonte de púrpura y oro. Por lo demás, el panorama, en sí, no tiene nada de notable; la costa es baja y árida; un gran edificio nuevo, la Aduana y algunas cúpulas bastante altas se destacan entre la masa confusa de los edificios. Un malecón de madera, muy largo, que llaman el muelle, se avanza en el río frente a la Aduana y resulta muy útil por la escasa profundidad del agua. Navegamos de bolina durante tres horas; las olas pasan por encima de la embarcación y nos salpican a más y mejor, pero las recibimos alegremente, como cautivos recién libertados, muy gozosos de nuestra libertad, a punto de que todo lo demás nos parece soportable. Por fin llegamos a un verdadero bosque de mástiles de las goletas, los *bricks* y las balleneras formadas en la rada exterior. Salvamos sin ningún accidente aquel obstáculo, hasta llegar al pie de la escalera, en el muelle. Un grupo como de veinte negros y mulatos de todos los matices se empeña en transportar el equipaje y se lo llevarían todo —a pesar de nuestros gritos— si Santiago no estuviera ahí para imponer orden y transportarlo él mismo con sus hombres de confianza. Subimos a la escalera, llegamos a la plataforma del inmenso muelle y nos parece un sueño pisar en suelo firme. Cae la noche, los objetos presentan ese aspecto fantástico y confuso de la oscuridad que sucede a un crepúsculo rojizo, de tonos inimitables. Al fondo del muelle se abren varias anchas calles alumbradas a gas. Las casas, de azotea, ofrecen agradable aspecto. Apresuramos el paso, con Santiago al frente de la caravana. Tras algunos momentos de demora en la Aduana, donde se muestran muy complacientes, llegamos a la puerta de un lindo hotel. Allí nuestro compañero de viaje nos ha reservado habitaciones. El propietario, su mujer y los camareros son franceses. Después de haber chapurreado el inglés y un pésimo español durante tantas semanas, experimentamos un verdadero placer en oír nuestra lengua materna. Los niños tienen sueño, les sirven de cenar y nos apresuramos a ponerlos en cama. Les han dispuesto unas camitas blancas, excelentes y muy limpias. Los cuartos son amplios y cómodos, provistos de cortinas, alfombras y anchos sofás. Con verdadero deleite arreglamos esa misma noche nuestros enseres en cómodas y armarios y recorremos nuestros dominios. Después de sesenta y cinco días de camarote en diferentes navíos, gozamos, por fin, la satisfacción única de movernos sin estorbos, de ir y venir sobre un suelo firme, libres de los mil accidentes e incidentes que trae a menudo el vaivén de los barcos.

Por la noche, ya todos arreglados, recojo mis impresiones. Estamos en la penúltima etapa de nuestro viaje y hemos salvado, humanamente hablando, la parte más peligrosa. Dios nos ha protegido hasta aquí, dándonos pruebas de su constante amor, entre las vicisitudes de esta larga travesía. Por eso nos dormimos llenos de sentimientos de gratitud, de paz y de confianza.

15 de marzo.

El día siguiente al de nuestra llegada es domingo. Pedimos informes en el hotel sobre las horas del culto. Hay en Buenos Aires cuatro templos protestantes, uno alemán, otro anglicano, uno escocés, uno americano. En el templo americano celebran por la tarde el servicio francés. El culto alemán tiene lugar a las once. Elegimos este último, porque debemos escribir durante la tarde. Después de recorrer una o dos calles, llegamos a una preciosa iglesia gótica, de muy buen gusto, mantenida con limpieza impecable. El canto, muy bien dirigido, nos trae vivos recuerdos de las iglesias alemanas de Europa. Sube al púlpito el pastor y nos impresiona con su discurso, de notable elocuencia cristiana. Después del servicio religioso preguntamos al mayordomo de la iglesia —viejo bonachón y muy conversador— si es posible hacer una visita al pastor, porque deseamos conocerlo. Hay un casamiento en la sacristía, pero durante la ceremonia, el buen hombre nos hace pasar a un saloncito de espera. A poco llega el señor S... y nos presta la más cordial acogida. Sabía de nuestra próxima llegada por algunas personas, y no éramos desconocidos para él. Habla de la grande e indiscutible libertad de cultos que reina en el país. Su conversación, amena y original, nos seduce dándonos un placer que no habíamos sentido desde que dejamos Europa. El señor S... nos promete una visita en el lugar de nuestra futura residencia y se ofrece amablemente como *cicerone* en Buenos Aires. Esto último no lo aceptamos, conociendo —como conocemos— las numerosas ocupaciones del digno pastor. Ese mismo domingo tenía el servicio ordinario de la iglesia, a las siete de la noche. Corre también a su cargo la vigilancia de la escuela, las visitas a los pobres y enfermos alemanes, que son muchos en Buenos Aires, y a todo debe atenderlo solo, porque no tiene un coadjutor que lo ayude. Quincenalmente se traslada a Montevideo para oficiar el culto alemán, en la iglesia anglicana, que M. Samuel Lafon ha hecho construir de su propio peculio. Regresamos después al hotel muy felices con todo lo que hemos visto y escuchado.

No permaneceremos aquí más de tres semanas y tenemos que hacer muchas compras y muchas visitas.

El salir de compras resulta en Buenos Aires muy fatigoso porque siendo una ciudad de ciento sesenta mil habitantes —según nos informan— es casi tan extendida como París. La calle de Perú es tan larga como la de Rivoli. Las calles son tiradas a cordel y los edificios forman recuadros. Las casas, en la mayoría de las calles, son bajas y de azotea. Muchas tienen también un piso alto y balcones elegantes. Los edificios nuevos, construidos por arquitectos italianos, son muy hermosos y de una originalidad y un buen gusto desconocidos entre nosotros. Los vestíbulos abiertos, con galerías y columnatas, ostentan escaleras de mármol con pasamanos dorados y adornos de cristal rojos y blancos; vense artesonados de estuque, frescos en las paredes, solados de mosaico y el patio interior embaldosado con mármoles bicolores. En medio del patio está el aljibe, coronado por un arco morisco, de hierro dorado, donde se entrelazan flores muy bonitas. Lámparas de colores alumbran por la noche estos pequeños palacios que recuerdan los cuentos orientales. Las lianas florecidas que crecen en los patios encuadran las puertas y ventanas, corren por galerías y balcones, enlazan las columnas y dan al conjunto apariencia de fiesta.

Algo que nos ha sorprendido mucho son los trajes de baile que llevan las señoras en la calle y los colores vivos y chillones con que los adornan. Las mujeres de Buenos Aires son por lo general muy hermosas, de tez morena, ojos y cabellos muy negros y brillantes, pero demasiado altivas, de belleza un poco dura y de un porte majestuoso e imponente, más bien que gracioso. De la moda española, sólo conservan el velillo negro, que llevan durante el verano sobre los cabellos, peinados siempre con mucho esmero y buen gusto. Sin embargo, les falta esa gracia encantadora que tanto hemos admirado en las mujeres de España.

Buenos Aires no tiene paseos y como quisiéramos hacer pasar a los niños unas horas de campo, nos han aconsejado llevarlos a Palermo, la antigua residencia de Rosas. Hacemos el viaje en un coche de alquiler.

El campo es muy agradable; por un lado del camino se suceden las quintas o casas de verano de los porteños y extranjeros ricos, que las ocupan huyendo de los calores de la ciudad. Palermo es una *villa* a la manera italiana, rodeada de galerías y arcadas, de hermoso aspecto; se encuentra abandonada desde que Rosas cayó del poder y diríase que los odios políticos tratan de apresurar su completa destrucción. No hay nada más triste, a mi ver, que una ruina moderna, sin la poesía de la tradición y sin esa otra poesía, más sugestiva, de las yedras y lianas cubriendo las piedras hendidas por los siglos. En Palermo, todo denuncia una reciente devastación. A través de las puertas-ventana que dan a los corredores, podemos ver los vastos y lujosos interiores de los salones. Las ricas tapicerías cuelgan en jirones de las paredes manchadas por la humedad. Han destrozado las hermosas chimeneas de mármol blanco, lo mismo que las baldosas del solado. Los artesonados y las puertas de caoba muestran huellas de los hachazos dados con los sables. De los arriates del jardín, donde Rosas cultivaba las flores más raras, apenas si quedan algunos cajones vacíos y copiosos yuyales que todo lo invaden. El parque ofrece la misma apariencia de ruina y desolación. Una destrucción sistemática, calculada, fruto de la venganza, ha caído sobre esta residencia suntuosa y bien cuidada hasta no hace mucho tiempo. Rosas, excéntrico en sus gustos, había conquistado Palermo al Río de la Plata; con tierra transportada en carretas —varios miles de carradas—, hizo construir en la playa una especie de península, sobre la que se formó un parque. Era el único medio de lograr buenas plantaciones de árboles, porque la sequedad del suelo constituye un obstáculo para ello en los campos de Buenos Aires. Muy cerca del parque existía una población —cuyos vestigios quedan todavía— donde se alojaban tres mil soldados de guardia pretoriana que, según los caprichos del dictador, formaban como soldados o lictores y podían ser víctimas o verdugos, llegado el caso.

En un abra del parque, puede verse todavía el mástil de una embarcación que recuerda otra originalidad de Rosas. En un día de alta marea en que soplaba un temible pampero, rompiendo las cadenas de las anclas y arrojando los navíos sobre la costa, un bonito *brick* fue arrojado por las olas hasta el parque de Palermo, pasó por encima de algunos árboles casi cubiertos por el agua y quedó detenido entre un espeso bosquecillo. Rosas no quiso que retiraran de allí el barco, lo compró a su propietario, lo hizo arreglar y decorar con muy buen gusto, aprovechándolo para ofrecer bailes y comidas. En verano se bailaba sobre el puente, a la sombra de los árboles; en invierno, dentro del saloncito del *brick*. Hoy no queda otro vestigio de aquellas lujosas fiestas que el palo mayor de la embarcación, tendido entre los pastos húmedos de un terreno cenagoso.

El recuerdo de una mujer, la hija de Rosas, la buena y graciosa Manuelita, suaviza como una sombra bienhechora las leyendas siniestras de Palermo. Los perdones obtenidos por ella fueron muchos; nadie llamó en vano a su buen corazón y si hubo veces en que sirvió para dar ostentación a la pretendida clemencia de su padre, lo hizo inocentemente, sin haber participado en esas intrigas. La dulzura y amabilidad de su carácter, la pureza de su vida, se recuerdan siempre con elogio en el país y aun aquellos que más razones tienen para detestar y maldecir a Rosas hablan con respeto y simpatía de su hija. Rosas sentía adoración por ella. Muchas de las bellezas del parque de Palermo le estaban consagradas. El baño de Manuelita era una preciosa fuente, rodeada de gradería, cubierta por espeso follaje de sauces llorones y otros árboles, cuyas ramas caían sobre el agua formando como un muro impenetrable a ese grato retiro. Un gran canal atraviesa toda la propiedad. Cuando Manuelita era pequeña, un vaporcito con todos sus aparejos, su maquinista y su tripulación, la conducía de un extremo al otro del parque bajo la espléndida sombra de los árboles que orillan el canal.

* * *

Doña Mercedes López, a quien conocí mucho, tenía gran parecido con Manuelita; en Buenos Aires solían confundirlas; ambas tenían el cabello muy negro, de un negro azabache, ojos aterciopelados, perfil noble, pies y manos pequeños y esa palidez mate, pero de tonos cálidos, dorados, propia de las criollas de raza española. La belleza de Manuelita cobraba un nuevo encanto con la expresión de serenidad pensativa y algo triste que la distinguía. Estaba dotada de alma generosa y corazón abnegado, siempre dispuesto a aliviar el sufrimiento ajeno, a prestar una ayuda, a suavizar con una súplica tierna los arrebatos de un tirano ávido de suplicios. Hacía pensar en esas leyendas terribles, en que aparece el ángel al lado del demonio como la suprema personificación de la eterna lucha entre el bien y el mal.

Las personas que han conocido de cerca a Manuelita le reconocen todas una fuerza de carácter extraordinaria. Nunca se le oyó una palabra, una alusión, un suspiro, sobre los sufrimientos morales que debió experimentar durante la dictadura. Honraba a su padre, lo veneraba, le obedecía, con una gracia triste y un dolor contenido, siempre dueña de sí misma. En todo resignada, obedecía los caprichos de Rosas y sólo mostraba iniciativa tratándose de salvar algún desgraciado del destierro, la prisión o la muerte. En esos casos hablaba e insistía hasta enardecerse de un modo extraño, cosa singular en una niña condenada a la más completa esclavitud filial. Cuando lograba lo pedido, una gran alegría se pintaba en su rostro, pero una negativa la hundía en el abatimiento, aumentado por el dolor de quienes se habían dirigido vanamente a ella. Como de costumbre, ahogaba entonces los sentimientos que bullían en su corazón, pero sus miradas, su voz, denunciaban una pena muy honda. Uno de aquellos días, en que había subido y bajado muchas veces las graderías de Palermo para interceder ante su padre por la suerte de algunos condenados, se la vio sentarse sobre los escalones y permanecer así un momento, cubierta la cabeza por un velillo, los brazos caídos, en actitud desalentada:

—¡Qué cansada estoy! —exclamó—. ¡Cómo me gustaría ser una niña pobre...!

Manuelita, acostumbrada al respeto de todos, a los homenajes, a las riquezas, ella, ante quien se inclinaban como ante una reina los embajadores extranjeros, en las fiestas suntuosas de su palacio, Manuelita hubiera deseado ser... una niña pobre. Esta humilde y conmovedora aspiración parece haber sido el único grito que dejó escapar de su boca durante la larga dictadura de su padre.

Dios había reservado, sin embargo, a Manuelita, una digna recompensa por sus sacrificios, acordándole el cariño profundo y abnegado de un hombre, que supo rescatar sus sentimientos en los días de esplendor para manifestarlos en las amarguras del destierro. Hoy, Manuelita es esposa y madre feliz, respetada y honrada por quienes la conocen y se la recuerda con cariño en este mismo país que su padre asoló y diezmó durante veinte años por el terror y los suplicios.

* * *

Hemos sido invitados a cenar en casa de una señora argentina, muy rica y obsequiosa. El marido, europeo, ha querido que la comida se prepare y sirva a usanza del país, para que nos hagamos una idea exacta de sus hábitos gastronómicos. Antes de pasar al comedor, entramos en un salón muy hermoso, donde nos recibe la dueña de casa, acompañada de su hermana, distinguidísima mujer, de una rara belleza. Ambas se expresan perfectamente en francés. Doña Ángela es de tipo andaluz, facciones nobles y regulares, rostro mate pero de tonos agradables, muy graciosa y con una espléndida cabellera, como no hay otra, según dicen, en Buenos Aires.

Van entrando las personas invitadas. A las cinco

nos sentamos a la mesa. Sirven, primero, una sopa de *macaronis* cocidos en aceite; luego el *puchero*, carne de vaca hervida con verduras y arroz, después papas cocidas, dulces, un pavo relleno con especias y pasas; un pastel de maíz pisado con azúcar y almendras; empanadas cubiertas de crema acaramelada, que contienen pescado frito, tomates, aceitunas, pasas de Mendoza, cebollas, pimientos, ajos, hierbas aromáticas; guiso o asado con zapallo y salsa de pimentón; para terminar caldo, servido en lindas tazas de porcelana. También sirven vino y, como postres, abundancia de bombones, preciosas frutas venidas de Montevideo, uvas, manzanas, peras, higos. Después de cenar, tomamos el café en el salón, como en Europa. La dueña de casa, eximia pianista, cuyo talento musical nada común sería reconocido en cualquier parte, nos proporciona una hora deliciosa.

Hemos visitado el hospital, muy amplio y aireado; después, un asilo de caridad para niñas. Está instalado en un antiguo convento de jesuitas, sólido edificio que ahora sirve de refugio a estas desamparadas. Está dirigido el asilo por una dama e imparten la enseñanza varias profesoras; las labores de mano se hallan expuestas en un salón de la planta baja y en verdad es sorprendente la habilidad con que estas chiquillas cosen, bordan y hacen *crochet* a la perfección. Los muebles del salón han sido bordados por ellas. Las asiladas tienen rostros alegres y un buen humor que apenas pueden disimular ante la presencia de personas extrañas, no obstante las miradas severas de sus maestras. En medio de estas muchachas tan alegres nos hacen notar una chiquilla pálida y vestida de negro. Es italiana y la madre ha sufrido hace poco la pena capital por haber envenenado al marido. Huérfana, como consecuencia de ese horrible suceso, la pobrecilla fue recogida por algunas personas caritativas y después colocada en el asilo para recibir educación. Parecían compadecerse mucho de esta desgraciada y hasta le concedían ciertos privilegios sobre las demás.

Hay en Buenos Aires una Sociedad de Beneficencia, bien organizada y en plena actividad, de la que dependen, según nos informan, estos establecimientos.

* * *

Por un brazo del río Paraná [sic], la ciudad de Buenos Aires se extiende hasta un burgo llamado Barracas; ofrece el camino un aspecto muy alegre y original: hacia un lado se suceden praderas entrecortadas por calles de hermosos sauces a cuyos bordes se levantan casitas pintorescas construidas sobre pilotes, para defenderlas de las frecuentes crecidas del Río de la Plata. En la orilla del río, muy próximas a los barcos y las goletas, vense casas muy bonitas casi escondidas entre el follaje de los árboles. Muchas son de teja colorada y blanca, con piñones, un balcón y una escalera que desciende hasta el borde del agua. Si no fuera por el idioma que oímos, nos creeríamos en Holanda y no en la América española, tal es la frescura apacible de las ondas, de las praderas y las verdes umbrías. Pero el paisaje tiene también algo de desconocido en el norte brumoso y es el esplendor de una luz admirable y el cielo de un azul purísimo.

Existen en Buenos Aires varios teatros, uno de ellos muy grande, el teatro Colón. Los edificios públicos, como la Catedral, el Cabildo o Ayuntamiento, la Aduana, la Casa de Gobierno, son construcciones de gran estilo. Las columnatas majestuosas de algunos de estos edificios, sus galerías y pórticos, recuerdan las construcciones griegas o romanas; las envuelve la misma luz brillante y transparente, la misma temperatura suave.

Los coches de alquiler son numerosos y de buena apariencia. Como las distancias son tan largas y el pavimento muy malo, no faltan ocasiones de apreciar la utilidad de estos vehículos.

El puerto de Buenos Aires ofrece un aspecto de singular animación. El agua del río es poco profunda y el fondo muy desigual; por eso los navíos se ven obligados a fondear a cierta distancia de la costa y descargar sus mercaderías en barcos más pequeños que no pueden tampoco llegar a tierra; unas carretas muy altas, tiradas por grandes bueyes, se internan en el río y van a recoger las cargas de las embarcaciones. Desde el balcón de nuestro hotel abarcamos un panorama muy extenso sobre el puerto y la rada: al fondo de ésta, todo un bosque de mástiles cierra el horizonte. En el puerto van y vienen una multitud de carretas, en todas direcciones; las ruedas, al girar, esparcen una lluvia de gotas que brillan al sol como chispas iridiscentes. En la parte delantera de la carreta, se sienta, muy derecho y arrogante, el *picador*, armado de su larga caña con que aguija los bueyes. De vez en cuando, debido a los pozos ocultos bajo el agua, la carreta desaparece casi por entero, inopinadamente, con sus bueyes que levantan por encima de las ondas sus anchas cabezas de largos cuernos.

* * *

Mientras estuvimos en Buenos Aires, se produjo una revolución, como hay tantas en estos países. Se trataba de unas elecciones municipales que apasionaban mucho a los dos partidos políticos en que se divide la población. Los diarios llevaban una terrible campaña; los antagonistas se desafiaban, se injuriaban, parecían irse a las manos para degollarse, pero en el papel, nada más, afortunadamente... En la práctica, donde se pone menos fuego que en la teoría, habían comprendido la inutilidad de la lucha. El gobierno triunfa, tiene la mayoría. La minoría protesta, hace correr mucha tinta, manda a los ministros al infierno... Un inglés, huésped de nuestro hotel, corre las calles esperando encontrar la revolución que los diarios anuncian y que él considera ya como cosa propia. Vuelve al fin, cansado, nervioso, agotado, para decirnos que en balde ha ido hasta las cercanías del club más violento porque sólo ha encontrado un alemán ebrio que pretendía descargar al aire su revólver y fue detenido por la policía. Sin embargo, aquí, como en todas partes, se hacen comentarios y críticas. El mismo cochero del gobierno, un alemán, era partidario del cambio gubernamental. Así lo dijo al pastor S... de quien era feligrés: "Hace diecisiete años que llevo en el coche a los hombres del gobierno, los he visto cambiar muchas veces, pero nunca he llevado un gobierno tan malo como éste...".

El Río Paraná

Los días y las semanas pasan. Hay que prepararse para dejar Buenos Aires, sus casas suntuosas, sus palacios y sus lujos. Fuerza es abandonar esta brillante civilización e internarnos en el desierto.

Hacemos algunas compras indispensables para los primeros días de nuestra instalación y fletamos una goleta genovesa llamada *El Rey David*. El mismo patrón del navío será el encargado de conducirnos. Diremos al pasar algunas palabras sobre los numerosos genoveses que navegan por las aguas del Paraná, desde Montevideo al Paraguay. Este elemento de la población no está desprovisto de interés. Se compone, en su mayor parte, de muy buena gente. Son sobrios, activos, constantes y de acendrada probidad. La navegación del río se hace exclusivamente por italianos: son los que cargan la cal en la ciudad de Paraná, las naranjas en Santa Fe, la yerba del Paraguay en Asunción. Ellos hacen el transporte de los productos nacionales y de las mercancías extranjeras y se les reconoce, con razón, como los mejores pilotos, no sólo del Río de la Plata sino del Paraná, del Uruguay y de los afluentes de estos ríos.

Después de decir *adiós* a nuestros amigos de Buenos Aires, vamos a bordo de la goleta, en la rada. El patrón, don Miguel, en nuestro honor, ha dispuesto los camarotes con cortinas y colchones nuevos. Quedamos bien alojados. Don Miguel nos muestra asimismo las provisiones para el camino: cuartos de vaca y de cordero colgados al aire libre, cerca de la proa, cajones de pasas venidos de Mendoza, nueces de la ciudad, vino de Barcelona, que llaman Carlón, manzanas de Montevideo, tomates, aceitunas, sardinas, buen abasto de pollos enjaulados, pastas de Génova, etcétera. Ha hecho las cosas en grande, y a excepción de la leche, vamos bien provistos de todo.

A eso de las tres levamos anclas. El viento es favorable y *El Rey David*, buen velero. Poco a poco va desapareciendo la playa y sus altos bergantines. Algunos puntos blancos indican en el horizonte los últimos vestigios de las torres y cúpulas de Buenos Aires.

El río es inmenso, un verdadero mar, majestuoso, infinito, no se ven las orillas por ningún lado. Hacia la derecha, una isla, Martín García, levanta sus cantiles de rocas con algunas casitas y un fuerte. El río tiene allí, dicen, veinticinco leguas de ancho. Algo más al norte de Martín García, el Paraná se abre formando islas en cuatro brazos o bocas: el Paraná Guazú, el Miní, el de las Palmas y el Paraná Grande. Entramos en el Guazú, pero el viento cesa de pronto y nos vemos obligados a detener la marcha.

La noche se aproxima. Cenamos alegremente sobre el puente de la goleta. El patrón y los tripulantes nos atienden con toda solicitud. Podemos admirar la bondad paternal de don Miguel que, unida al hábito del mando y a la firmeza de carácter, lo hacen muy bien querido de los marineros. Varios de esos hombres sirven con él desde muchos años atrás. El Néstor de la tripulación es Suracco, un viejo medio sordo, de figura original, verdadero lobo de mar, áspero, regañón y con fama de incomparable marino. Nadie lo iguala durante la borrasca en el golpe de vista certero y en la rapidez de la maniobra. Pero cuando hace buen tiempo y Suracco anda desocupado, suele empinar más de la cuenta las damajuanas de vino carlón que el capitán no ha puesto a buen recaudo. Entonces lo reemplaza, en las funciones de cocinero y maestresala, un lindo muchacho muy alegre, de nombre Manuelo. A Suracco, dos marineros lo envuelven en un gran cobertor y lo depositan al pie de un mástil. Esta vez, una compañera de viaje, ignorante de tan original práctica, vio aquel fardo tendido sobre cubierta y se sentó sobre él muy cómodamente. De pronto se dejó oír un rugido amenazante, como de tigre, y el diván improvisado comenzó a rebullir. La dama huyó espantada, con gran regocijo de los marineros que, ocupados en sus trajines, miraban la escena de soslayo.

Hemos anclado cerca de una isla, admirable por su vegetación. Los bordes desaparecen bajo la espesura de los cactos, los áloes, sauces y bambúes entrelazados por lianas floridas. Después del almuerzo, don Miguel, que ha hecho guardia durante la noche, se retira a dormir, ordenando que bajen los hombres a la isla, embarcados en las canoas de la goleta, para hacer provisión de leña. Quedamos solos y vemos a los tripulantes armados de hachas y provistos de cuerdas abordar en la isla y desaparecer bajo las cortinas de clemátides, pasionarias, bambúes y profusión de ramas entrelazadas. En realidad, aunque ocultos a nuestros ojos, se mantienen cerca de la orilla, sin duda para no extraviarse en aquel laberinto, más temible que el de Creta. Un silencio profundo nos rodea. El Paraná, tranquilo como un lago, refleja el azul del cielo y copia en las aguas mansas la vegetación espléndida de sus bordes.

No vemos ninguna vela, ninguna embarcación viene hacia nosotros. Ya estamos en el desierto, con su grandeza, su absoluta soledad, su solemne melancolía. De pronto, Camilo, uno de los marineros, oculto en la espesura, entona con voz fresca y melodiosa una barcarola italiana; el estribillo, repetido en coro por sus compañeros, hace pensar en el movimiento cadencioso de los remos sobre el agua y en el balanceo del esquife mecido por las ondas. No sabría traducir la impresión que sentí, oyendo aquella melodía dulce y triste, realzada con gracia por la sonoridad de la lengua italiana. Ningún concierto de artistas célebres en Europa me había impresionado como esas canciones sencillas de pescadores genoveses, difundiéndose en el silencio de una naturaleza virgen y traídas por la brisa ligera que apenas rizaba la superficie del río. Para los marineros era el canto de la madre patria, un recuerdo del bello golfo, una reminiscencia del hogar; para nosotros una revelación súbita de lo que puede la música inspirar en las horas excepcionales de la vida. Escuchábamos aquello encantados, emocionados, cuando se dejó oír el ruido de las hachas contra las ramas y el crujir de los árboles hendidos por los golpes. Otras ideas nos invaden: He ahí la lucha por la vida, ruda, continua, positiva, al lado de la poesía que sólo se nos concede por instantes. Digámonos, para cobrar ánimo, que la una es pasajera y eterna la otra, que el infinito existe virtualmente en todo sentimiento capaz de hacernos sobrevivir.

Cenamos temprano. Suracco, de sueño tan pesado como el de Epiménides, no sale de su envoltura. Manuelo, el sustituto, nos sirve un excelente yantar y nos da como postre nueces de la cordillera y uvas de Mendoza, todo acompañado de vino Carlón y café. Terminada la cena, el buen capitán advierte nuestros deseos de dar un paseo en bote y hace preparar una canoa. No tardamos en bordear la isla que, de cerca, diríase el invernadero de algún jardín real, en Europa. Un arroyo atraviesa la isla. Entramos en él bajo una glorieta de lianas florecidas, que se entrecruzan de una margen a otra, formando arcos magníficos y festones que rozan nuestras cabezas. Los árboles más variados sombrean las orillas. Podemos admirar los ceibos soberbios, cubiertos de racimos de un rojo de púrpura, las azaleas de todos colores: blanco, rosa, anaranjado, amaranto; magnolias enormes; naranjos silvestres cargados de flores y frutas; durazneros también silvestres de frutas exquisitas, mangos, tamarindos, mimosas, aloes gigantescos, cactos imponentes llamados *órganos* y otros no menos grandes que producen el higo moro; floripondios, trepadoras cubiertas de graciosas florecillas bermejas, níveas, violetas; pasionarias cuyo fruto dorado pende con elegancia entre los delicados tallos. Los bambúes esbeltos comienzan a balancearse dulcemente bajo la brisa de la noche, cargada de mil aromas fuertes y penetrantes. La barca resbala sin ruido sobre el agua transparente. La superficie desaparece a trechos bajo vergeles flotantes formados de ninfeas de un color lila encarnado y de nenúfares enormes cuya flor semeja una copa de alabastro colocada sobre las anchas hojas. Pasamos junto a la magnífica planta que llaman los criollos *maíz de la isla*, de flor que finge una lámpara antigua suspendida por algún hilo muy leve. Un lindo pájaro blanco surge de pronto entre esas soledades floridas, cruza el arroyo y busca asilo en la margen opuesta. Anochece. Emprendemos el regreso. Al salir de la galería de ramajes y flores que hemos recorrido, entramos de nuevo en el Guazú. El sol se pone entre un mar de fuego, al que sucede luego un ambiente vaporoso, como espolvoreado de oro, que envuelve por un instante las islas, el cielo y el río. Este fulgor mágico se apaga con sorprendente rapidez para hacer lugar a una espléndida noche. También aquí podría decirse lo que un poeta francés dijo de las noches de Italia:

Les nuits y sont, dit-on, plus belles que nos jours.

Subimos a la goleta, cargados de flores recogidas en las riberas de la isla. Encontramos a Suracco, que ha salido de su envoltorio. Los ojillos pardos del viejo, de cejas canosas, como manojitos de hierba escarchados, se fijan en el horizonte con esa mirada tenaz, propia de los marinos.

—¡Patrón! —exclama—, tendremos pampero esta noche.

—Ya sé, viejo, no hay que tener miedo, yo haré la guardia.

A eso de las tres de la mañana, nos despierta un silbido particular en las jarcias del barco y un fuerte viento que sacude la goleta sobre las anclas. Oímos al capitán dirigir la maniobra. Los marineros están en el cabrestante. Pocos momentos después arrancamos a toda vela con gran velocidad. Al amanecer hemos pasado el Guazú y estamos en el Paraná Grande. Difícil es describir este río inmenso, este mar que justifica bien su nombre. (Paraná quiere decir, en idioma guaraní, como el mar.) Nada puede compararse a la belleza de este río, sembrado de islas numerosas, y de tan extenso caudal que es imposible abarcar en una sola mirada sus orillas. Algunas de sus islas se ven a trechos bordeadas de sauces y ofrecen el aspecto de praderas inmensas donde pacen manadas de caballos que huyen veloces siguiendo a la *madrina* o yegua que les precede en el camino. El cencerro de la madrina se mezcla al gemido del viento y al murmullo del oleaje. En otros sitios las islas son bosquecillos que se elevan sobre las ondas como un refugio encantado de alguna divinidad pagana. Pájaros hermosos, el flamenco de alas rosadas, el cisne blanco, las garzas, las gallinetas y otros huéspedes de vistoso plumaje se acurrucan en sus nidos de flores o andan sobre las aguas profundas. En la espesura de los cañaverales y los cactos, el jaguar o tigre americano espía al viajero imprudente que se arriesga cerca de la costa, o acecha los grandes *dorados* del Paraná que desovan entre las hierbas flotantes.

De tiempo en tiempo, algún trozo de isla, desprendido por el empuje de las aguas, sobrenada en el Paraná con sus arbustos y sus flores; queda sujeto a las raíces de un árbol, vacila unos instantes y luego, arrastrado por la corriente, sigue a la deriva. Detenido al fin por algunos árboles sumergidos, se convierte pronto en una nueva isla que se agranda sucesivamente con todos los despojos y residuos acumulados en sus bordes. De ahí que los pilotos sean testigos de transformaciones continuas porque mientras así se forman nuevas islas, otras desaparecen cubiertas por la subida de las aguas, y los árboles, que dejan ver apenas sus copas en la superficie, son arrancados por la corriente.

Cuentan que una de esas balsas naturales, donde se había guarecido un tigre, llegó hasta Buenos Aires e hizo de noche su entrada en el puerto. Los rugidos del jaguar despertaron a los marineros de algunas embarcaciones. La noche era muy oscura y salieron a buscar el animal con antorchas de resina. Descubrieron el camalote y algunas balas pusieron fin a la peregrinación del extraño navegante.

Impulsados por el pampero, que nos lleva con toda rapidez, damos alcance al vapor del Paraguay, que nos había tomado la delantera mientras permanecíamos anclados. Nos cruzamos con varias goletas, algunos *bricks* de tres mástiles y toda clase de embarcaciones menores. Podemos ver en la margen izquierda algunas quintas y las amplias instalaciones de las estancias. Así pasamos por Obligado, luego por San Nicolás, en el límite de Buenos Aires con Santa Fe. Y navegando sobre el río majestuoso, cuyos horizontes se confunden siempre con el cielo, llegamos por la noche a Rosario. Rosario es una hermosa ciudad, grande, floreciente, el mercado principal de la Confederación Argentina, después de Buenos Aires.

Hemos andado como cien leguas. La noche está muy bella y el viento es propicio. Don Miguel resuelve continuar la marcha, como en las noches anteriores, y reanudamos el camino. Al día siguiente, por la mañana, divisamos a mano derecha las barrancas de la provincia de Entre Ríos, que orillan el Paraná. Pasamos cerca de un promontorio llamado El Palmar, hacia el norte de un paraje admirable, muy bien protegido, coronado por un villorrio, el pueblo de Diamante. Algunas leguas más arriba entramos en un brazo del río que se aparta del Paraná Grande formando encantadoras islas. Llegamos así a la barra de la Boca, entrada del puerto de Santa Fe, que lo separa del río. Aquí debemos detenernos para enviar un mensajero hasta la ciudad, en procura de caballos, porque el río está muy bajo y no entraríamos por nuestros propios medios. Las horas pasan y la gente no llega. Aprovechamos el tiempo para cenar y visitar una isla situada hacia la mano derecha, El Rincón. Esta isla separa el río Paraná de la Laguna Grande del Salado, lago de quince a dieciocho leguas de largo, y tan ancho que parece un mar. La isla del Rincón tiene magníficos pastizales, tierras cultivadas y un bonito pueblo con una iglesita blanca que luce a lo lejos recortándose en el azul del cielo. Pasan muy cerca de nosotros más tropillas de caballos con la madrina a la cabeza. Los muchachos que las arrean galopan veloces. Hay uno que, sin duda para descansar, se ha echado de pecho sobre el caballo con el rostro pegado a las crines y las piernas atrás, en el aire. Todos estos jinetes, que honrarían a Franconi, ejecutan sus habilidades con una soltura, una gracia y una destreza únicas.

Dormimos todavía en el barco, anclado muy cerca de la isla. Hasta el día siguiente por la mañana no llegan los sirgadores que deben conducirnos al puerto. Estos hombres tiran de las embarcaciones con sus caballos, unos trechos entre el agua, otros por tierra firme y a ratos dejan libre al animal, que por sí mismo se busca paso entre los cañaverales y camalotes de la orilla. Son gente que habita las islas en ranchitos de cañas y barro, casi todos indios mansos, negros, mulatos o pardos de sangre más o menos mezclada. La goleta avanza con lentitud porque el río está muy bajo, pero no tardamos mucho en franquear la barra y estamos en el puerto de Santa Fe, el mejor y más seguro de la Confederación Argentina[1]. En la ciudad, las casas de aspecto morisco y las torres de las iglesias brillan entre los follajes oscuros de los naranjales, dominados por esbeltas palmeras que se balancean al viento. Anclamos muy cerca de la ribera. Nos despedimos de don Miguel, nuestro buen capitán, y nos dirigimos por fin a la casa que se nos ha preparado en la ciudad.

---

[1] Esta afirmación es de nuestro amigo el célebre comandante Page, muy conocido en el mundo científico por sus exploraciones en la América española.

Santa Fe desde la azotea

La casa que ocupamos es muy amplia y dispuesta al modo oriental como lo son las casas antiguas de este país, que conserva los usos y costumbres de Andalucía. Tiene pocas aberturas al exterior y más puertas que ventanas. La entrada principal o zaguán conduce al primer patio, a cuyo alrededor se abren las puertas y ventanas de nuestras habitaciones. Un hermoso parral, formado de cuatro cepas, una de las cuales tiene el grueso de un árbol mediano, da sombra muy grata sobre las baldosas rojas del patio. Porque aquí no se usa la piedra como en Buenos Aires. Los techos son de azotea.

Encima de la puerta de entrada hay, como en muchas casas de Oriente, una pieza única, llamada *altillo*, con un balcón a la calle que llaman *mirador*. Desde el mirador la vista es en extremo atrayente. Dominamos la Plaza Mayor con sus dos grandes iglesias y el Cabildo o Ayuntamiento, vasto edificio de terrazas con galerías y pórticos abiertos. Las calles rectas dejan ver, a trechos, los naranjales, limoneros y duraznos de las huertas. Hermosas palmeras agitan sus elegantes penachos por encima de los naranjos. Puede verse también el convento de San Francisco, el de Santo Domingo, cuya inmensa iglesia inacabada levanta muy alto sus lienzos de pared, modernos pero ya derruidos en partes. Hacia el oeste, el río Salado o Juramento ciñe la ciudad con sus aguas de un azul pálido. Más allá del río, se confunde con el horizonte la línea verde y ondulada de los bosques. Es el Chaco, con sus inmensas soledades, sus selvas, sus pampas y sus indios. Mirando hacia el oriente vemos los barcos del puerto de Santa Fe y las islas cubiertas de vegetación que separan al puerto del río Paraná. En lontananza, las barrancas de Entre Ríos y la ciudad de Paraná con sus caseríos blancos entre jardines y bosquecillos. En lo alto del Cabildo flamea la bandera azul y blanca de la Confederación Argentina. La atmósfera transparente, la luz admirable y el cielo de un azul espléndido dan a los objetos un aspecto lúcido y dorado, destacándolos con relieve incomparable.

Las escenas en los patios de las casas vecinas forman la parte más original de nuestro cuadro. De un aljibe, que ocupa el centro de un patio, sacan agua o llenan sus tinajas algunas mozas pardas y mulatas. Llevan en la cabeza un chal de colores muy vivos con el que se arrebozan graciosamente. Otras pisan maíz en grandes morteros hechos en troncos de algarrobos. Este maíz lo dedican a la mazamorra, plato favorito de la región, que cocinan en una olla puesta sobre dos ladrillos. La olla, con una o dos cacerolas de cobre, un cuchillo y algunas conchas de nácar, que hacen de cucharones, componen todo el ajuar culinario. La cocina misma está constituida a menudo por un cobertizo de cañas o palmas sostenido por macizos pilares. Una cocina cerrada, con puertas y ventanas, es lujo inusitado y no ofrece mucho atractivo con sus paredes ahumadas y cubiertas de hollín. En el patio más próximo varios niños juegan bajo los naranjos y hacen caer las frutas doradas que cuelgan de las ramas en profusión. Algo más lejos, una criolla muy elegante ha colgado un espejito de un pilar y alisa y aderaza sus abundantes cabellos con gracia muy española. Algunas mujeres viejas, sentadas bajo un corredor, lían hojas de tabaco sobre sus rodillas, hacen con ellas enormes cigarros y se ponen a fumar. A pocos pasos una indiecita, sentada en cuclillas, pone a hervir agua en una pava y tiene en su mano, preparado, un mate de plata. Espera que hierva el agua para cebarlo y servirlo a las fumadoras. Bajo el mismo corredor, algunas jovencitas bordan y hacen encajes. Es en realidad su principal ocupación porque son de inteligencia muy poco cultivada. El buen Chrysale se hallaría muy a sus anchas en este país[1]. También entre los jóvenes se descuida mucho la instrucción. Al poco tiempo de nuestra llegada a Santa Fe, un caballero que decía ser maestro de escuela abrió un colegio en la ciudad. Este maestro reunía a los chicuelos en el patio de su casa todas las mañanas, después cerraba con llave la puerta de la calle, trepaba a un tapial y se iba a tomar mate con unos prestes de la vecindad. Entretanto los muchachos jugaban, disputaban, re-

---

[1] *Le bonhomme Chrysale*, personaje de *Las mujeres sabias* de Molière, enemigo de las marisabidillas, que decía: *Je vis de bonne soupe et non de beau langage.* (N. del T.)

ñían. Pasadas las horas de clase el *magister* aparecía sobre la pared, saltaba al patio y daba salida a los alumnos. Al cabo de algunos meses de estos ejercicios, un padre de familia, algo más curioso que los otros, preguntó a su hijo cómo iban los estudios. Pudo saberse entonces de qué manera pasaban el tiempo maestro y alumnos. Algo más se comprobó y fue que si aquel digno pedagogo no enseñaba a leer a sus discípulos, era sencillamente porque él mismo no lo sabía... De entonces acá se han establecido algunas escuelas mejores que aquélla y la Sociedad de Beneficencia ha contratado en Buenos Aires una preceptora de señoritas. Se ha progresado, sin duda.

Debe reconocerse que si las mujeres carecen de instrucción, tienen, sin embargo, educación. Muy jóvenes, casi niñas, dan pruebas de poseer mucho tacto, buenas maneras, juicio y buen sentido. Por lo general son observadoras, de memoria vivaz y prodigiosamente hábiles en todas las labores de su sexo. Disponen de mucha inteligencia natural y lo aprenden todo con facilidad. Es cierto que estas cualidades sobrenadan en un fondo de indolencia, de ignorancia y de superstición, pero se advierten en seguida los buenos elementos fundamentales. Estos espíritus tienen mucho del suelo en que viven: excesivamente rico y fértil en cuanto se lo trabaja, pero de ordinario abandonado y baldío.

Las mujeres se levantan muy temprano para asistir a misa, pasan la mañana entregadas a las labores de aguja y a los menesteres de la casa, hasta la hora de la comida, generalmente las dos de la tarde. Luego duermen hasta las cuatro o las cinco. A esas horas la ciudad parece muerta. Las puertas de la calle se cierran. "No se ve a nadie —dicen— como no sean perros y algún francés". Los franceses tienen fama de desafiar el calor y el sol durante las horas de la siesta que los criollos dedican al sueño, considerándolo indispensable a la salud, en lo que no van muy descaminados.

Después de la siesta viene el baño en el río, luego la *toilette* en casa, la cena, y con el fresco de la noche empiezan las visitas. La dama que no sale de visitas se sienta a la puerta de su casa. Las calles que horas antes aparecían desiertas, cobran nueva vida. Se abren las puertas y las grandes ventanas de rejas. En cada umbral aparece alguna linda personita, muy acicalada, peinada con esmero. Durante el día las mujeres visten un sencillo peinador de percal o muselina, pero al anochecer viene la elegancia. Hasta en las casas más pobres se engalanan de lo mejor. Hay familias muy numerosas de pardos y mulatos en que viven juntas hermanas y primas; estas muchachas no tienen a veces, para todas, más que un solo vestido de seda, un par de aros de topacios o perlas y un solo abanico de marfil dorado, pero se turnan para lucir, cada una, esas magnificencias y pavonearse a la puerta de su mezquina vivienda.

En las casas de familias acomodadas hay salas muy bien puestas, con buenos muebles y también dormitorios elegantes, generalmente contiguos a la sala. En los dormitorios puede verse un soberbio lecho de bronce y cortinas de seda, un gran armario con espejo y tocador cubierto de mármol blanco, adornado con jarrones de porcelana. Pero las gentes de la casa no acostumbran a servirse de estos lujos; duermen en otra pieza, sobre un catre de lona. En un rincón del cuarto que llaman *aposento* se encuentra casi siempre un Niño Jesús de madera pintada o de cera, acostado bajo un fanal. Lo rodean oropeles en profusión, flores, conchillas y otros objetos. Es el *Pesebre* o Nacimiento. Para Navidad, componen el Pesebre y en algunas casas lo aumentan con todo lo que pueden procurarse en figuras de porcelana, jarrones, frascos y estatuillas, incluso la de Napoleón; suspenden al techo nubes de gasa azul, salpicadas de estrellas de papel plateado; los Reyes Magos, los pastores y los animales afectan formas grotescas. En esos días cualquiera tiene derecho a entrar en la casa y admirar el Pesebre.

En ciertas mansiones muy antiguas se encuentran salas que harían las delicias de un anticuario de *bric-à-brac*: contra las paredes hay viejos sillones de patas torneadas y altos respaldos en cuero de Córdoba con dibujos de fina ejecución donde brillan, a trechos, los antiguos dorados, arcones guarnecidos de cobre con extrañas cerraduras, y mesas antiguas. Cuelgan de los muros, en marcos de talla dorados, viejos cuadros de la escuela española anterior a Murillo. Hay entre estas telas pinturas excelentes, no por su ejecución sino por la intensa expresión de fe sincera y de grave piedad. Alguna cabeza de virgen morena y cabellera negra, algunos angelitos entre nubes, parecen una inspiración presentida del admirable cuadro del Louvre. Bien hubiéramos deseado adquirir una de estas pinturas pero sus poseedores las tienen en gran estima. Son recuerdos de familia venidos de Europa con sus antepasados y ese valor se acrecienta por el culto rendido a las imágenes.

En las antiguas y espaciosas moradas suelen vivir patriarcalmente hasta tres y cuatro generaciones: abuela, bisabuela, madre, hijos y nietos. Las mujeres se casan muy jóvenes y los maridos se ven obligados a largas ausencias debido a los trabajos de las estancias o a los llamados de la guerra; de ahí que las recién casadas acostumbren a permanecer con sus madres durante los primeros años del matrimonio. Las circunstancias de la vida de familia se cumplen con cierta precocidad y es frecuente encontrar abuelas de treinta y dos y treinta y tres años; no es raro tampoco ver tíos y sobrinos de una misma edad, viviendo bajo el mismo techo.

Estas asociaciones, que no se realizarían fácilmente en Europa con la misma armonía cordial, hablan en favor de los corazones y los caracteres. Hay tolerancia recíproca y se muestran indulgentes y solícitos los unos con los otros. Es verdad que entra por mucho la *nonchalance* criolla, pero eso no es todo y es justo reconocer que a ese carácter negligente va unida la generosidad, la cordialidad y una resignación admirable en los trances adversos de la vida. La amistad reviste formas amables y obsequiosas, con un fondo de nobleza, constancia y abnegación a toda prueba como nosotros hemos tenido oportunidad de comprobarlo.

Los hombres se dedican al comercio, a la milicia o a la cría de ganado. Todos participan en algo de la naturaleza gaucha pero con formas externas más a la europea. Son inteligentes, sagaces, astutos, muy aficionados a los epigramas y a los apodos; se expresan (como las mujeres) con facilidad y elegancia y escriben de la misma manera… cuando saben escribir. Por lo demás son muy ignorantes. Bien se les alcanza este defecto y lo deploran pero son demasiado indolentes para remediarlo ellos mismos con un poco de diligencia. En el seno de algunas familias se conserva todavía el concepto del antiguo honor castellano en que una palabra dada valía por todos los juramentos. He conocido algunos de esos tipos que se distinguen por su continente digno, su seriedad, su noble gravedad, pero son ejemplares raros y pertenecen a un orden social desaparecido.

Los hombres, de cualquier rango social, son extremadamente corteses con las señoras. Desde el gaucho del campo que nos vende la leña, y parado en su carreta de bueyes me dice: "A sus pies, señora…", hasta el gobernador de la provincia, en todos notamos la misma cortesía de modales y de lenguaje.

Con pocas excepciones las mujeres son reinas y señoras en el interior de sus casas y en verdad no ejercen un gobierno muy constitucional. Esto hacía decir a un genovés casado con una argentina: "De este país podría decirse lo que Maquiavelo escribió de una ciudad republicana de Italia: Es el paraíso de las mujeres, el purgatorio de los hombres, el infierno de los animales".

A pesar de ser las familias tan numerosas, la adopción de niños ajenos es cosa frecuente. Muere alguna pobre mujer y pocas horas después hay quien se haga cargo de sus hijos. No se trata solamente de matrimonios sin niños, sino de madres de familia sobrecargadas de cuidados y ocupaciones. Llaman a los pequeños, así recogidos, *Criaturas de Dios* y de ordinario no hacen ninguna diferencia entre ellos y los demás chicos de la casa.

Las mujeres son, por lo general, buenas y abnegadas, fieles en sus amistades, sumisas a la voluntad de Dios. Saben ofrecer y dar lo poco que poseen con una gracia que encanta. Son todas muy aficionadas a las plantas y a las flores que cultivan en sus jardines, donde entre naranjos y laureles, limoneros y árboles exóticos lucen magníficas rosas y claveles soberbios. El visitante nunca sale de esos jardines con las manos vacías. Las damas de la casa cortan y le ofrecen las flores más bellas con obsequiosidad cordial y esa pasión que sienten por las flores la manifiestan por los niños; si éstos son europeos o rubios, las efusiones no tienen límites, los colman de flores, frutas y confituras: "Venga aquí —exclaman—, mi vida, mi tesoro, mi corazón, criatura más preciosa!...". Las metáforas abundan y en el fondo de todo eso hay ternura verdadera que en algunas familias llega a la debilidad, lo que hace que en los jardines vecinos —según lo vemos desde nuestra azotea— los niños anden a su antojo sin cuidarse de pedir permiso para nada. Esto no impide que esos mismos rapazuelos atrevidos y voluntariosos, al salir de sus casas, se inclinen ante el padre o la madre pidiendo la bendición. Costumbre es esta que con ser tan frecuente y vulgar no ha perdido ese sello de respeto patriarcal, ya muy borrado en los hábitos de otras sociedades.

El 25 de Mayo

El 25 de Mayo, aniversario de la emancipación argentina, es celebrado todos los años con fiestas, bailes y regocijos de toda especie. Por la mañana, las calles amanecen empavesadas con gallardetes multicolores y una profusión de banderolas agitadas; pabellones e insignias nacionales y provinciales cubren los balcones del Cabildo.

En las casas particulares enarbolan también la bandera argentina y las calles presentan así el más alegre aspecto. Repican las campanas en las iglesias, durante todo el día, con espantosa batahola, y a esto se añade el estampido de las salvas de artillería y el estrépito de los cohetes y camaretas que suenan por todas partes.

Por la mañana es la revista de la Guardia Nacional, con música a la cabeza y bandera desplegada. Esta Guardia Nacional, muy mal equipada, dicho sea de paso, no tiene apenas noción de las maniobras a la europea, que en vano han tratado de introducir algunos oficiales de Garibaldi.

—¡Al hombro, armas! —ordenan, y ninguno está muy seguro de lo que debe hacer.

—¡Presenten armas! —y la tropa levanta los fusiles con precaución y como con desconfianza.

—¡Fuego!... —Éste es el momento más crítico. Los caños de los fusiles adoptan las posiciones más variadas, menos la conveniente.

—¡Fuego!... —repite el oficial, y los soldados ladean la cabeza y tiran a la buena de Dios. Alguna baqueta olvidada en un fusil silba por allí, entre las ramas, o da contra los árboles de la plaza. Acontece también, aunque muy raramente, que un distraído guardia nacional, limpiando su fusil, ha olvidado colocar un tornillo, y al hacer fuego en la parada se queda con la culata en la mano mientras el caño del arma salta a la distancia. Pero éstas son cosas sin importancia que a nadie llaman la atención.

En la tarde del 25 de Mayo, el reñidero y las carreras de caballos se ven más concurridos que de costumbre. Por la noche hay baile en el Cabildo. Hemos sido invitados y nos presentamos a las diez. No ha llegado nadie todavía. La sala es muy hermosa, ricamente amueblada, iluminada con esplendidez. Las grandes puertas que dan a la galería exterior se hallan abiertas y mantienen fresco el recinto. A las once comienzan a llegar los invitados. Vemos entrar, por grupos, a las niñas conocidas de la ciudad, acompañadas de sus madres, relativamente jóvenes casi siempre, y de bellos rasgos, pero que traicionan ya su edad por sus gestos y actitudes. Las hijas, con raras excepciones, son en extremo bonitas y confirman sobradamente la reputación de belleza de que gozan estas razas criollo-españolas. Sus maneras y aposturas son muy graciosas, tienen ojos aterciopelados, pestañas y cejas extraordinarias, cabellos abundosos y brillantes que adornan con flores y perlas y peinan primorosamente. Añadid a todo esto la nobleza de las facciones y un porte señoril, lo que antes llamaban en Francia *un grand air*. Este porte, por lo demás, lo encontraréis en casi todas las mujeres del país, ya sean grandes señoras o pobres vendedoras de naranjas.

El baile se anima; empiezan a danzar; la música es detestable; poco a poco la concurrencia se hace excesiva porque no están solamente los invitados, sino cantidad de curiosos que llenan las galerías e invaden los corredores interiores y escaleras, venciendo la consigna de los soldados que guardan la puerta. Estos guardianes —según me cuentan— dejan pasar indebidamente a sus familiares, madres, hermanos, primas, amigas, con sus críos, rapaces y perros porque todos quieren ver el baile. Y a fe que lo ven muy bien: En cada ventana, en cada puerta, se levanta una verdadera pirámide de cabezas cuyas miradas van de un lado a otro de la sala. Las criaturas más pequeñas se sientan en el suelo con los perros, detrás se paran los chicuelos mayores, luego las madres, las hijas y más atrás los padres con todos "los conocidos, primos y amigos" que han logrado violar la consigna. Un perrito, que ha querido gozar de más cerca los esplendores del baile, avanza en el salón y se encuentra de pronto en medio de un minué. Los danzantes van y vienen, gravemente, con muchas ceremonias y reverencias, cerrando el paso al animal que quiere retirarse a toda costa y se pone a ladrar desesperado hasta que uno de aquellos pilluelos de la pirámide se arrastra a cuatro pies sobre la alfombra, entre las crinolinas de las damas y los fraques de los caballeros, se apodera del perro y lo arroja sin cumplidos por sobre las cabezas de los espectadores que llenan la puerta.

Me han ofrecido asiento junto a doña Mercedes de L., mujer todavía llena de atractivos. Una hija suya, de quince años de edad, figura entre las niñas más bonitas del baile. Hacemos comentarios sobre la fiesta, cuando de pronto me sorprende el llanto de un niño de pecho, detrás de nosotros. Me vuelvo y veo a una india, con la criatura envuelta en el chal y acostada sobre el hombro según costumbre del país. Es una mujer de color bronceado, de semblante triste, con la boca entreabierta, los dientes muy blancos, mustia la mirada y los cabellos rudos y lacios como crines. Una manta burda la envuelve a guisa de falda y se mantiene muy derecha y arrogante detrás de doña Mercedes, que viste de brocado y encajes, cubierta de perlas y brillantes. El contraste, tan nuevo para mí, me impresionó a un punto difícil de explicar. Era el lujo de la civilización junto a la barbarie, tal como Santa Fe a las puertas del Chaco. Ambas mujeres personificaban de manera sorprendente dos razas que se mantienen enemigas después de trescientos años y que lo serán siempre como los pueblos desposeídos frente a sus invasores.

Se sirvieron refrescos a los concurrentes, pero solamente los jóvenes los tomaban. Las damas de alguna edad preferían la yerba, que circulaba en elegantes mates de plata.

Vamos conociendo, entre la cantidad de invitados, a las personas más distinguidas de la ciudad y a familias ilustres por sus sacrificios y su patriotismo, como los Cullen, los López, los Gutiérrez y otras. Nos presentan a don Juan Francisco Seguí, hombre joven aún, dotado de extraordinarias facultades, de arrebatadora elocuencia y talentos literarios nada comunes. Su traducción de algunas poesías de Lamartine merece citarse entre las mejores.

A las dos abandonamos el baile, todavía muy animado. Volvemos a casa en una noche magnífica, de un cielo azul sombrío. Las estrellas, muy brillantes, parecen traspasar el aire con destellos dorados. Fulguran constelaciones desconocidas para nosotros, como esa magnífica Cruz del Sur, que Colón y sus compañeros saludaron con un entusiasmo casi místico. Flota en el aire el aroma de las naranjas maduras, más dulce aún que el de los azahares que cubren los árboles. Se oye, muy lejos, mezclado a la música de la fiesta, el rumor de las aguas del río. Ladran de continuo los perros, contestándose de un barrio a otro de la ciudad. Cantan los gallos y hacen oír su chirrido estridente los búhos y las lechuzas en la torre de la Merced.

Dos horas más tarde oímos pasar frente a nuestra casa las damas de la fiesta, acompañadas de sus caballeros. El baile ha terminado.

La religión

La jovencita criolla, una vez que concurre a la escuela, aprende a rezar el rosario y a recitar algunas oraciones. A los siete años la mandan a confesarse y a los doce, sin otra instrucción religiosa, recibe la primera comunión.

Con esto empieza a participar activamente en las pompas de la iglesia: a tejer manojos de palmas y a componer ramos de flores para los altares. La madre, la abuela, la tía, forman parte de la congregación de *Damas Vestidoras*, lo que quiere decir que cada una de ellas goza del privilegio de guardar en su casa, dentro de precioso cofre, algunas de las prendas con que será revestida la imagen de la Virgen o de algún santo en el día de sus fiestas. La jovencita, con sus mejores atavíos, sigue la procesión, se arrodilla ante el pórtico de la iglesia para oír un sermón y vuelve a casa para colocar flores ante las estatuillas que adornan su cuarto, dioses penates que hasta los más pobres poseen y veneran. El matrimonio la sorprende por lo general siendo todavía muy joven para exponerla a todas las pruebas de la vida; llega a la vejez sin conocer otro alimento espiritual que las ceremonias y pompas que la han encantado desde la niñez hasta la muerte. Y, ¡cosa sorprendente!, a pesar de esta ausencia de instrucción religiosa, no es raro encontrar, sobre todo entre las mujeres, una fe conmovedora, una resignación profunda, dulce, constante, en medio de los más rudos contrastes y una esperanza ingenua en el auxilio de la Providencia, así se trate de las dificultades grandes o menudas de la vida.

Una vecina mía, ya anciana, doña Trinidad, de antigua familia que conoció la opulencia y se vio después arruinada por las guerras civiles, gana su modesta subsistencia haciendo dulces y confituras. Cuando el tiempo está lluvioso, doña Trinidad teme que los ingredientes de su industria se le humedezcan y enciende una vela a la Virgen diciéndole: "Virgen Santísima, ayúdame a pedir al Señor que estos almíbares no se echen a perder".

Esta misma señora, pobre al extremo, destina lo que le producen las frutas de su mejor naranjo a pagar misas por las ánimas del purgatorio, porque —según dice— le inspiran mucha compasión. Para hacer decir esas misas se dirige a un sacerdote extranjero, viejo, enfermo y pobre, porque los sacerdotes del país le disgustan a causa de sus riquezas y su codicia. Cierto día, mostrándome un alba magnífica, bordada por una mujer pobre, y obsequiada a un padre dominico, me decía doña Trinidad, encogiéndose de hombros:

—Esta pobre mujer ha empleado tres meses en el trabajo de esta alba y se la ofrece a ese padre. ¿Qué le habrá dado él? —Luego, cerrando sus dos manos con fuerza y levantándolas, agrega: —Así, cierran las manos cuando se trata de socorrer al prójimo.

En una ocasión dejamos traslucir nuestra sorpresa por el valor con que doña Trinidad soporta las adversidades. Ella nos aclara:

—Yo no hago más que decir al Señor todas las noches: Padre mío, estoy sola, soy vieja, pobre y desamparada. No olvides que soy tu hija.

Y el Señor se acuerda de ella y el auxilio llega, oportuno. Otra vecina nuestra, doña Rosa, dama muy bella, vive entregada a las supersticiones. Hace largas estaciones en las iglesias y durante ese tiempo deja su casa y sus niños entregados a la estupidez de una india que tiene de sirvienta. El marido se queja a sus allegados de la excesiva devoción de su mujer; la quisiera menos ocupada de San Jerónimo, de San Raimundo, más consagrada a su esposo y a sus hijos. Pero doña Rosa no presta ninguna atención a esas discretas quejas que la llaman a la realidad de sus deberes. Ella no es feliz sino ofreciendo sus joyas para adornar la estatua de Santa Rosa o cosiendo y bordando los vestidos de la Virgen y los santos. Cuando se aplica o toma algún remedio, lo hace tres veces, en honor de la Santísima Trinidad: tres gotas, tres cucharadas de polvos, tres emplastos. Entre tantas supersticiones, pierde tres niños, en menos de un año. Me hablaba de su muerte con un tierno recogimiento que conmovía y una serenidad casi jovial. Como yo no pudiera ocultar mi sorpresa al encontrarla en esa disposición, me dijo: "¿Por qué voy a tener yo otra voluntad que la voluntad del Señor?".

Hemos oído una conversación entre dos señoras

de nuestra amistad. Una de ellas ha perdido ya tres chiquillas encantadoras. La cuarta, preciosa también, pero frágil y delicada, parece destinada a ser víctima de la misma fiebre que ha llevado a las otras. La pobre madre, desesperada, hace una promesa a Santa Ana y a San José de comprar vestidos nuevos para sus imágenes y colocar grandes cirios y flores en el altar. El médico ha dado un plazo de dieciocho meses, dentro del cual puede salvarse la pequeña.

—Pero —le dice la amiga a quien doña Mercedes contaba sus promesas—, yo en su lugar esperaría los dieciocho meses. ¿Quién le dice que los santos, una vez con las ofrendas, no se olviden de cumplirle la palabra? —Doña Mercedes sonríe y contesta que no puede creer a los santos capaces de semejantes cosas.

Durante nueve días caen lluvias torrenciales en la provincia de Corrientes. El río Paraná crece con rapidez y sus aguas hacen desbordar el Salado, inundándose muy pronto los campos bajos y todas las islas. La ciudad de Santa Fe se ve amenazada en los barrios ribereños. Sacan entonces de la iglesia la imagen de Santo Domingo y la llevan con gran pompa hasta la orilla del río, pero las aguas suben un metro más. Santo Domingo se desacredita, la gente pierde confianza en la influencia que pueda tener como santo de primer orden. Al día siguiente vemos que llevan en procesión a San Jerónimo, con grandes ceremonias, hasta las playas inundadas. Pregunto a mi vecina doña Dolores el motivo de esa sustitución.

—Es que Santo Domingo *no sirve para nada*[1]

---

[1] En español en el original. (*N. del T.*)

—me dice— y ha habido que recurrir a San Jerónimo. Después de todo es el patrón de la ciudad y bien puede hacer algo por ella.

San Jerónimo no hizo nada tampoco y empezaron los novenarios. A despecho de todo, el agua continuó subiendo. Santo Domingo perdió su reputación, San Jerónimo vio la suya muy comprometida. Quince días pasaron; cesaron las lluvias y el río Paraná arrastró el exceso de sus aguas hasta el océano del cual es tributario. La Virgen del Carmen salvó el honor de todas las imágenes: conducida a la ribera, vio cómo las aguas se alejaban con rapidez. En los días subsiguientes la clerecía respiró.

Una familia honorable, pero muy pobre, me pide que salga de madrina de uno de sus niños. Acepto con disgusto, en el temor de que el cura ponga dificultades. Pero me engaño. El sacerdote, después de comprobar mi identidad, se muestra muy cumplido. En la ceremonia del bautismo sustituye hábilmente la palabra *romana*, que podría chocarme, por la de *cristiana*. ¿Promete usted, señora, me dice, educar este niño en la religión católica, apostólica, *cristiana*?...

* * *

Asistimos a un casamiento que tiene lugar a las nueve de la noche, en la iglesia principal, la Merced. Estamos en diciembre, víspera de Navidad. Un Pesebre, o Nacimiento, adornado con flores y oropeles de toda especie, ocupa el medio del coro, al que conducen dos escaleras, una a cada lado de la nave. La ceremonia del casamiento se realiza también en el coro. La novia, envuelta en un gran velo negro, queda oculta a todas las miradas. Una cantidad de señoras y jovencitas vestidas con elegancia, y seguidas por niños y perros, se apretujan sobre la gradería para acercarse en lo posible a los desposados. Don Juan, el sacerdote oficiante, mira, con disgusto que se dibuja en el rostro, el peligro que corre su Pesebre ante la invasión de las crinolinas. Hace advertencias en alta voz, que son casi admoniciones; interrumpe los preparativos de la ceremonia; nadie hace caso. Con el fluir y refluir de los volantes y los "echarpes" flotantes caen los búcaros de rosas, las guirnaldas de ramas, el césped artificial. El Nacimiento amenaza derrumbarse. Don Juan no puede más y en brincos desesperados sale del círculo de los novios y se coloca entre el Pesebre y la cohorte femenina, dispuesto a la defensa. Las mujeres quedan en paz, cesa el alboroto. Don Juan vuelve entonces a su puesto, lee las palabras del ritual y los desposados se marchan. Pero temeroso de que le produzcan nuevos perjuicios, ocupa el sitio de vigilancia. Desde allí nos saluda y se queja de la poca civilización de sus conciudadanos, o mejor de sus conciudadanas. Muy cortés, nos hace pasar luego a la sacristía, magnífico salón, donde admiramos muebles de talla tapizados con preciosas telas, espejos de Venecia con ricos marcos dorados, arcones taraceados, macizos aguamaniles, cortinas de Damasco y lujosos tapices.

Vueltos a casa se hace imposible dormir porque la noche de Navidad se pasa por entero entre mascaradas y cabalgatas. Hasta la mañana se oye el pisotear de los caballos, los gritos de los paseantes y el rasgueo de las guitarras, con acompañamiento de cascabeles, según sea el ritmo de la melodía que tocan o cantan.

* * *

Meses después presenciamos las ceremonias de la Semana Santa. Todas las noches hay procesiones iluminadas con teas encendidas. Se ven pocos hombres. Para las mujeres, es la mejor ocasión de lucir sus vestidos. Las joyas de familia fulguran bajo los velillos ricamente bordados, rivalizando en brillantez con los ojos negros de las penitentes. La puerta de la iglesia se abre de pronto. La concurrencia se agita. Algunos hombres seguidos de un grupo de niños salen adelante. Pasa después la música del clero, desgarrando los oídos con sus estridencias de clarines, flautas y violines. Luego los sacerdotes con sus cruces, estandartes, imágenes sagradas, que cambian según el día santo.

Ahora es la Madre Dolorosa con una gran espada hundida en el pecho, Nuestro Señor Jesucristo, inclinado bajo la cruz, con los dos ladrones y Simón Cirineo; luego las Santas Mujeres, María Magdalena, y otras feas figuras de tamaño natural. La oscuridad de la noche, la luz incierta de las antorchas, las voces lúgubres de los instrumentos discordes, el murmullo de las letanías repetidas en voz baja dan al espectáculo un carácter fantasmagórico. Detrás de las imágenes avanza la música militar, que prescinde en absoluto de la música religiosa y ejecuta con entusiasmo la marcha de los druidas, de *Norma*. Siguen las mujeres con sus más lujosos atavíos: vestidos de brocado, chales bordados, mantillas de encaje, abanicos de nácar y oro, rosarios de perlas con cruces de brillantes. Toda esta multitud abigarrada centellea bajo las luces de las antorchas y sigue a paso lento la sagrada vanguardia, platicando, murmurando, discutiendo. Junto a las damas van las mulatillas, negras e indias del servicio. Este elemento no deja de ser original: se las ve pavonearse en sus vestidos de volantes ajados, marchando como reinas de farándula, mientras se embozan con ademanes afectados. Llevan al brazo las bonitas alfombras cuadradas —industria de los indios— para que sus amas se arrodillen cuando lo exige la ceremonia.

La procesión recorre las calles principales. En los sitiales, profusamente iluminados y adornados con flores hermosas, se hacen algunas estaciones.

Luego el cortejo se pone otra vez en marcha y todos vuelven a la iglesia. Depositan las imágenes en sus capillas y la multitud se atropella frente al pórtico. Encima del pórtico hay una especie de *loggia* que sirve para colocar la tribuna de los sermones nocturnos. Vemos desde nuestra azotea la iglesia blanca, iluminada por los reflejos de las antorchas, y las mujeres arrodilladas. La noche está espléndida, serena, estrellada, transparente; el cielo de un azul sombrío. El orador se adelanta con ademán solemne y la voz resuena en el silencio de la noche. No podemos comprender todo lo que dice pero nos sentimos impresionados por la majestad de la lengua española, por los giros rotundos, netos, concisos, de una sonoridad severa y noble. El orador habla de la penitencia. Hace una pausa. Un ruido sordo, apagado, se propaga en el silencio, lúgubremente: son los golpes de pecho de las mujeres arrodilladas y los *mea-culpa* murmurados como sollozos.

Algunas escenas, algo más que mundanas, turban el bello efecto del sermón. Dos caballeros rondan por los costados de la concurrencia femenina y la oscuridad favorece algunas confidencias. El sacristán los interpela y los increpa con acritud. Un poco más lejos riñen dos jovenzuelos y de los puñetazos pasan a las cuchilladas... Pero éstos son detalles que en nada afectan al conjunto de la función...

* * *

El padre Nicasio desearía mucho saber el francés para poder leer los sermones del padre Lacordaire, único orador sagrado conocido en la América española. Una persona de mi casa se ofrece para darle algunas lecciones. El padre Nicasio acepta y viene con regularidad durante algunas semanas. Parece haber tomado con interés el aprendizaje del idioma. Pero de pronto interrumpe las clases. Pensamos que el Superior de la Orden no habrá encontrado bien que el padre frecuente una casa de familia protestante. Pero no. Alguien, muy vinculado a la comunidad, nos asegura que no es así. El padre Nicasio es subprior, además es muy independiente y hace lo que quiere en el convento. La misma persona nos dice que el padre anda ahora muy ocupado en otras cosas para dedicar su tiempo al estudio del francés: está entrenando sus gallos de riña y pasa la mayor parte del día en el reñidero. Ya ha ganado apuestas crecidas y esta tarea le resulta más divertida y provechosa que la lectura de cualquier orador sagrado. Uno de sus cofrades, el padre Mateo, es dueño de dos excelentes caballos y los hace correr todos los domingos. De este modo gana mucho dinero, con la anuencia del prior, que también cría caballos en la estancia del convento.

Cierto día entramos en uno de estos conventos. Son vastas moradas construidas al estilo de los monasterios de Andalucía. La portería se abre a un gran patio de naranjos; en el centro hay un pozo, con arco de ladrillos o de hierro, al que se enredan flores del aire y orquídeas. Las puertas exteriores de los departamentos dan al claustro que corre a los cuatro lados del patio. Miramos desde el umbral el interior de una de las celdas abiertas. Es una habitación amplia, enladrillada, alta de techo; otra puerta de dos hojas se abre al fondo, sobre un jardincillo de rosas y claveles sombreado por árboles de laurel y limoneros. El mobiliario de la pieza está compuesto así: espejos antiguos de luna de Venecia en lindos marcos tallados, algunos cuadros de la escuela española, muebles antiguos en cuero repujado, arcones de madera con labores de taracea, un lecho con elegante cobertor adornado de encajes criollos; algunos cofres, pilas de agua bendita y, suspendidas a la pared, labores de orfebrería y una guitarra o mandolina. Ni señales de un libro de estudio. Los mulatillos que sirven a los monjes advierten mi presencia en la clausura y vienen para hacerme retirar. La madre, una negra horrible, cocinera de la comunidad, acude a las voces de los muchachos y me hace pasar por otro patio adyacente, donde tiene su antro culinario.

* * *

Un joven oficial francés, perteneciente a la legión extranjera, recibe órdenes de patrullar en la ciudad. Es una noche serena, luminosa, perfumada, como lo son las noches en este admirable clima. El oficial marcha con su escolta por un camino bordeado de quintas en los alrededores de Santa Fe. De pronto, entre un naranjal, cree percibir una sombra blanca moviéndose bajo los árboles. Se aproxima al cerco de geranios y floripondios que rodean la huerta y se encuentra frente a un padre dominico, de paseata sentimental con una joven criolla cuyos ojos brillantes tan pronto aparecen como desaparecen tras el abanico de oro y nácar. El subteniente considera muy extraña la aventura y pasando la cabeza sobre el cerco: "Qué hace ahí, Reverendo Padre", le dice. "Vaya a decir su misa, que es medianoche pasada, si tarda un poco volverá al convento a hora de maitines".

El monje, lejos de enfadarse, responde con algunas agudezas y continúa su coloquio.

* * *

Pero, al lado de estas riquezas, de esta indolencia, de esta falta de dignidad sacerdotal, hay, gracias a Dios, una clase de sacerdotes que hacen el más raro contraste con los que acabo de mencionar. Son los misioneros italianos de la orden de San Francisco, venidos a la América española para convertir a los indios. No entraremos a discutir la manera —asaz superficial a nuestro modo de ver— con que estos padres comprenden su misión. Lo que nos complacemos en destacar es su abnegación, su valentía, su espíritu de sacrificio. Estos *sacerdotes-soldados*, por así decirlo, manejan el caballo, la lanza y el lazo lo mismo que los indios entre quienes viven. La vida que llevan, como la de sus neófitos, es un continuo peregrinar a través de los desiertos. Uno de los misioneros, el padre Constancio, viene a visitarnos, siempre que puede. Hemos tenido, de labios de este hombre singular, algunos detalles sobre la vida y costumbres de los indios.

Los indios recibieron de los jesuitas algunas nociones de cristianismo, hace cosa de tres siglos[1]. Pero, empujados poco a poco a los desiertos, les ha quedado apenas la idea muy sumaria de dos principios eter-

---

[1] Hasta 1810, habían sido evangelizados los indios de Santa Fe y parece excusado decir que en las misiones jesuíticas recibieron —durante casi dos siglos— algo más que nociones de cristianismo...

"Los indios de los pueblos de San Javier, San Pedro y San Jerónimo (Reconquista) —dice el cronista Iriondo— traficaban con esta ciudad, trayendo granos, lazos, cabestros, cueros de ciervos curtidos, vasijas de barro y algunas otras cosas que vendían o cambiaban por lo que necesitaban para llevar a sus pueblos. Éstos eran gobernados por caciques y a éstos dirigían sus curas a quienes respetaban y obedecían; y éstos eran frailes misioneros del Convento de San Lorenzo. En este estado de paz y tranquilidad se hallaba esta provincia, cuando el 4 de junio de 1810 llegó a esta ciudad el coronel Espíndola (paraguayo), conduciendo pliegos del nuevo gobierno de Buenos Aires, instalado el 25 de Mayo, etcétera..." Urbano de Iriondo, *Apuntes para la historia de la provincia de Santa Fe*. Imprenta de El Pueblo, 1871.

La guerra de la independencia y luego las guerras civiles obligaron a desguarnecer la frontera y se interrumpió la conversión de los indios al cristianismo, hasta que se sancionó la Constitución del 53. A esta nueva empresa de reducción y catequesis se refiere la señora Beck Bernard. *(N. del T.)*

nos que se disputan el mundo: el bien, representado a sus ojos por los santos, y el mal, por los demonios. Hacerles comprender otra cosa resulta imposible. El padre Constancio, después de tres meses y más de lecciones de catecismo, impartidas diariamente a los indios adultos, vio un día entrar en su rancho al menos torpe de sus discípulos. El padre acababa de recibir una hermosa estampa que representaba a Cristo en la cruz. El indio se aproximó a preguntarle:

—¿Qué es eso, un santo?

—¡Pero cómo! ¿No conoces a Nuestro Señor?

—¡Ah! ¿No es un santo? Entonces es un demonio...

—Pero cuando te digo que es Nuestro Señor Jesucristo, crucificado y muerto por nosotros en la cruz...

—Bueno, padre, pero díganos cómo hay que llamarlo porque si no es un santo ha de ser un demonio...

Con varias horas de explicación, agregaba el misionero, no hubiera conseguido mejor resultado, porque cuando el indio cae en un círculo vicioso de ideas, ya es difícil arrancarlo de él. Pesa sobre su cerebro una especie de inercia fatal y misteriosa que condena su pensamiento a replegarse sobre sí mismo y a no traspasar ciertos límites.

Cuando se trata de ejercer la violencia, el engaño, la astucia, no son nada tontos. La fineza de sus sentidos externos y de sus instintos, desarrollados por las exigencias y peligros de la vida salvaje, los transforma por momentos en hombres extraordinarios. El indio extraviado durante la noche más oscura en esas pampas inmensas, se apea del caballo y masca los pastos del suelo; el sabor de la hierba le indica, con escasa diferencia, el lugar en que se encuentra; sabrá decir si es un antiguo pastizal, una cañada seca, la orilla de un río, de un arroyo, de una laguna. Si está cerca de una población dirá qué se ha sembrado y la clase de ganado que se pastorea.

Además es *rastreador*, vale decir que unos pastos pisados, una huella semiborrada en la arena, los restos de alguna fogata, arrastrados y dispersos por el viento, son para él datos seguros que le permiten establecer de manera positiva las trazas de la gente que persigue, sus armas, sus cabalgaduras y hasta la ropa que visten.

El indio no conoce más que la guerra, el pillaje y la caza, que a menudo degenera en robos de ganado. Trata con dureza a los débiles, aunque sean sus mujeres o hijos, condenados a seguirlo a todas partes. Inclinado sobre el caballo, mirando siempre el horizonte, recorre distancias inmensas con prodigiosa rapidez. Es falso, turbulento, insaciable, caprichoso. Si el misionero quiere mantener su influencia, se ve obligado a seguirlo en sus correrías y galopar con él a través de los desiertos, acampar a la entrada de los bosques, sufrir el hambre, la sed, la fatiga, los ardores del sol y los fríos de las noches glaciales. Todo esto es nada para los indios, mas para el europeo, para el sacerdote italiano sobre todo, que ha pasado gran parte de su vida en el retiro tranquilo y poético de los monasterios de Roma y Florencia, rodeado de obras de arte, una vida semejante significa un renunciamiento completo a todo lo que pueda tener algún atractivo en la existencia. No sólo hace falta la abnegación cristiana, que todo lo puede, sino el estoicismo de estos hijos de Lacedemonia, para soportar con valor tan rigurosa suerte. Ya puede considerarse feliz el misionero que no se ve reducido a vivir de las frutas del algarrobo y de las raíces de algunos árboles, que por sí mismo deberá desenterrar.

Los indios han aprendido de los jesuitas a respetar más o menos la persona del sacerdote, a venerarlo a su manera, sin oponerle una franca resistencia. Pero este mismo asentimiento tácito y aparente, no deja de importar una dificultad para la obra emprendida. Muchas veces, el misionero, después de haber predicado durante meses y hasta años la paz, la fraternidad, el respeto a la propiedad, tiene que presenciar con dolor las riñas más sangrientas y resignarse a ver cómo se conciertan los preparativos de pillaje y de saqueo. La víspera del día en que deben partir esas expediciones (siempre en menguante de la luna) se juntan los adivinos para calcular, según el resultado de sus horóscopos, la buena o mala suerte que pueda caber a la expedición. Esa noche, los hombres, reunidos alrededor del fuego, se embriagan con un licor fermentado, compuesto con el fruto del algarrobo y la miel silvestre. Esta bebida, muy fuerte, llamada *chicha*, los emborracha hasta que caen dormidos al son de la música de los adivinos, quienes murmuran cantos cabalísticos entremezclándolos con una especie de silbido que les es peculiar. Los gestos bestiales de los indios tan pronto se iluminan como se ensombrecen a la luz movediza de las llamas. Cerca de la escena, las mujeres y los niños esperan resignados, con esa pasividad propia de los esclavos tratados con menosprecio. Cuando los hombres se han dormido profundamente, ellas se acercan con cautela y se apoderan de los restos de la comida, abandonados junto al fuego. Si son descubiertas en su tentativa, sufren duros castigos por parte de los amos y señores. Las mujeres e hijas son maltratadas de tal modo, que ya pueden considerarse felices esas desgraciadas si caen prisioneras de guerra y se las lleva como tales a la ciudad. Allí, mediante una gratificación que se entrega a los soldados y reemplaza el sueldo que a ellas les correspondería como fámulas, pasan a servir en las casas de familia, donde por lo general permanecen después voluntariamente. Esta especie de esclavitud, no reconocida por la ley y que no concede privilegio alguno a los amos, ha salvado de malos tratos y de la vida miserable del desierto a buen número de mujeres y muchachas. Una de éstas, que sirve en casa de una vecina, se esconde con precaución cada vez que andan indios en la ciudad. La pobrecita, bien tratada y feliz en casa de sus amos, teme verse obligada a reanudar su vida primitiva.

En algunos países de Europa se encuentran hombres muy inteligentes y distinguidos que no llegan a ser nunca nada porque se lo impiden las instituciones sociales, o porque en el país rige una constitución defectuosa, o bien porque carece de ella. En las repúblicas de América española, que forman los antípodas geográficos de aquellos países, y lo son también social e intelectualmente, faltan los hombres, si bien existe una constitución admirable bajo todo punto de vista y copiada casi literalmente de la de los Estados Unidos. Los americanos del sur, todo lo indolentes e ignorantes que se quiera, han dado a aquel país de

América del Norte un alto y generoso ejemplo, porque aquí es un hecho la abolición de la esclavitud. En otro lugar diremos cómo se llevó a cabo esta transición peligrosa y las perturbaciones que trajo a la sociedad argentina. Otro punto de la Constitución que siempre hemos visto respetado con toda lealtad es el relativo a la libertad de conciencia y de culto. Ninguna estrechez hemos advertido en su aplicación, ninguna persecución baja o mezquina. Un amigo nuestro, de Buenos Aires, enviado por la sociedad protestante alemana de Gustavo Adolfo, nos cuenta que en todas las ciudades de la costa del Paraná ha congregado asambleas, bautizado, casado y administrado la Santa Cena sin ninguna dificultad.

Cuando la pieza del hotel en que se alojaba era muy estrecha, trataba de alquilar otra por uno o dos días. Esto lo obligaba a comentar el objeto de su viaje y nunca encontró inconveniente alguno.

El agente de la Sociedad Bíblica Inglesa vino a vernos a Santa Fe. Traía una carta de recomendación para el gobernador; éste le prestó cordial acogida y le ofreció su protección.

* * *

La tolerancia realmente existe para las instituciones religiosas, públicas o particulares. En Santa Fe mismo, el culto protestante se ha celebrado durante cinco años en nuestra casa. Es verdad que en lengua extranjera, pero nadie ignoraba la existencia de ese culto y estábamos rodeados de iglesias y conventos. Nunca hemos tenido a ese respecto el más ligero desagrado.

En la colonia Esperanza, muy cerca de Santa Fe, un teólogo alemán, de carácter intrigante, se divertía en indisponer a los colonos con el juez de paz, hombre honorabilísimo. El juez, después de haberlo soportado algún tiempo, se quejó verbalmente de los hechos represibles del alemán y los puso en evidencia ante el ministro de la provincia, don J. F. Seguí. Una persona de nuestra casa se encontró presente en la audiencia. El ministro dio toda la razón al juez, y le hizo presente que si el acusado hubiera sido laico, ya habría salido del lugar, "pero se trataba de un pastor evangelista, y ello era un obstáculo para tratarlo con rigor, porque siendo la libertad de cultos un precepto positivo de la Constitución, temía que la expulsión del pastor pudiera atribuirse a falta de tolerancia, ya que las razones verdaderas no podían, por su naturaleza, darse a la publicidad". Nos preguntamos si en Europa, y en circunstancias análogas, hubiéramos encontrado los mismos escrúpulos y la misma imparcialidad.

Paseos por el campo

Hace un tiempo tan hermoso, que salimos de paseo casi diariamente. Mi caballo es un lindo alazán de tres años, manso, inteligente, de buen trote y galope agradable.

En una de estas excursiones nos hemos detenido frente a una estanzuela para informarnos del camino. En seguida la familia del estanciero nos ha rodeado con amable solicitud, pidiéndonos que bajáramos del caballo, y hemos aceptado, curiosos de conocer las modalidades de la hospitalidad criolla. Entramos en la casa, construida de *adobes*, ladrillos secados al sol. Un alero, bastante amplio, forma una especie de galería. El mobiliario no puede ser más sencillo. Las camas son catres de lona, pero de una limpieza extrema. Están cubiertas por unas colchas floreadas, de colores vivos, y tienen almohadas de percal rosa con fundas de muselina bordadas y adornos de mallas criollas. Adosados a la pared, se ven dos o tres baúles de cuero, una o dos sillas, una arqueta, una guitarra o imágenes de santos y de la Virgen.

Pronto sacan de uno de los baúles dos alfombras

de lana, de espeso tripe, tejidas por los indios de Córdoba; extienden una en el suelo y con la otra cubren el baúl, convirtiéndolo en una especie de diván, donde me brindan asiento. En seguida nos ofrecen mate, que no aceptamos, porque tenemos en horror el tal brebaje, sobre todo la bombilla, por la extrema fraternidad con que se usa. Luego van a ordeñar una vaca y nos sirven la leche, deliciosa, en una copa de cristal, dorada por una joven india, sirvienta de la estancia.

Al contemplar estas habitaciones, se diría que el único ser que gasta lujos es el caballo. Bien puede una mujer llevar un collar de perlas o corales, o pendientes de filigrana de oro, brillando en las orejas bajo la cabellera negra, pero esto no es nada comparado a la orfebrería de las riendas, del cabestro, del pretal, de los estribos. Lo mismo podría decirse del *recado* o silla del país, que ostenta prendas ricamente bordadas y cueros trabajados con primor, así como una especie de cobertor de pelos largos, llamado *pellón*, aparte de otras varias mantas. Estos *recados* tienen como remate una especie de arzón montado en plata y ofrecen la ventaja de no lastimar al animal, ciñéndolo con una sola cincha, muy ancha, que cierra el cuerpo sin impedir la respiración.

En un rincón de la piecita en que nos encontramos, hay un magnífico apero de gaucho, sobre un caballete de madera. El dueño de estas elegancias está sentado, bajo una ramada, sobre una cabeza de vaca, cuyos cuernos forman los brazos de este sillón original.

Nos fijamos en una criatura con aspecto de enferma. Como para el criollo todo europeo debe ser necesariamente médico, nos piden nuestro parecer. Damos opinión y preguntamos quién ha curado hasta entonces al niño. Responden que el *curandero*.

El curandero es personaje de cuenta en la vida de las pampas. En realidad se trata por lo general de un pobre diablo, vizcaíno o genovés, caído en América por lances de la fortuna y que, no pudiendo hacer otra cosa, se ha dedicado a médico rural, a curandero. Suele ser un hombre, ni joven ni viejo, de aspecto grave, parco en palabras, lacónico en su papel de oráculo. Si puede agenciarse de unos anteojos con aros de oro, un anillo de sello y algún viejo frac negro, ya puede considerar asentada su reputación. Su terapéutica participa de la magia. Dispone de recetas para hacer fundir, con cinco metales diferentes, anillos que, una vez en el dedo, preservan del reumatismo, dolores de cabeza y otros males. Adquiere de los indios del Perú, que bajan todos los años a Santa Fe, raíces maravillosas contra el frío, el calor o el viento. Hace fumigaciones con yerbas aromáticas, que cuando no curan a los enfermos los asfixian. Abusa con frecuencia de los purgantes y de los eméticos, a tal punto que el resultado de la cura es la muerte del paciente. Pero el curandero, optimista de corazón y de un desahogo sin igual, no se inmuta con la noticia.

—¿Conque murió el pobrecito?...

—Sí, señor.

—¡Qué lastima! Le había hecho una limpieza para toda la vida...

Sentada en el umbral de la habitación está una viejecita con aspecto de momia. Es la abuela del estanciero. Fuma su cigarro y bebe mate. Podría decirse que es su único alimento, como el de la mayoría de las ancianas de este país. Me acerco a saludarla y me pregunta mi edad. Yo le hago la misma cuestión, pero no puede responderme con exactitud porque ha perdido su *papelito* (partida de bautismo) en tiempos de guerra.

—¿Y en qué guerra fue eso, señora?
—En la que hubo cuando don Esteban era gobernador de la provincia.
—¿Y contra quién era esa guerra?
—Pero contra el general don Francisco.
—¿Y qué edad tendría usted en esa época?...
—Quién sabe, niña, yo era muy vieja; si debo tener más de cien años...
—Es verdad, señora —me dice otra de las mujeres de la casa—, porque en esa familia *son eternos*.

No es la primera vez que me sorprende la longevidad de esta gente. Las fechas no son casi nunca precisas, pero cuando se les oye contar que han conocido personalmente a tal o cual virrey, puede hacerse un cálculo y resultan cifras muy altas. Los centenarios no son escasos y hemos conocido en Santa Fe varias personas de noventa años, muy bien conservadas.

Nos despedimos de los *estancieros* pidiéndoles que envíen a buscar a nuestra casa remedios para el niño enfermo. Quedamos encantados de la hospitalidad cordial, que es la misma, por doquiera en este país. Continuamos nuestro paseo. Dos de los compañeros se han adelantado, al galope, para buscar un camino que lleva a la ciudad. El calor es todavía intenso y ante nosotros se extiende una llanura sin árboles. Mi compañera de paseo empieza a quejarse de la sed. A mano derecha se divisa la techumbre de una casa.

—Si fuéramos allí —me dice— tal vez encontráramos agua.

Le hago ver que estamos solas y que es preferible esperar a nuestros acompañantes. Pero ella no hace caso porque ha visto dos mujeres sentadas en el suelo y quiere pedirles agua. Tengo que seguirla y en pocos minutos de galope nos acercamos a las supuestas mujeres, que al vernos llegar se levantan como movidas por un resorte y resultan ser unos indios, hechos y derechos. Están armados de boleadoras y se apoyan en sus lanzas que han recogido del suelo con la rapidez que los caracteriza.

Mi compañera les pide un poco de agua y ellos se la ofrecen de un pozo que ha quedado en esa casa, completamente abandonada. Yo examino, entre tanto, el grupo que forman los indios. Sus actitudes son soberbias. Un pintor hubiera podido dibujarlos sin ninguna variante y hacer con ellos un cuadro admirable. Con dos grandes piezas de lana tejida se visten a maravilla; una forma el chiripá, la otra, echada sobre hombros y espaldas y sujeta al pecho, les sirve de manta; llevan las boleadoras a la cintura y el cuchillo atrás, a usanza del país; las lanzas son largas y terminadas en puntas cortantes; suelen hacerlas de hueso tallado y afilado. Rodeando la cabeza llevan atado un pañuelo estrecho, en forma de banda, que sujetan atrás para sostener los cabellos. El semblante es severo, salvaje, casi sombrío. Los ojos negros expresan esa vaga tristeza de los pueblos acostumbrados a las vastas soledades y que miran sin cesar el horizonte.

La boca desdeñosa deja ver los dientes incomparables; no tienen ni señales de barba ni bigotes; los cabellos, muy negros y de reflejos azulados, caen duros y lacios como crines. Hay, en efecto, una mujer entre ellos, pero sólo se distingue de los hombres en que lleva una falda de paño burdo en lugar del chiripá. Por lo demás, la misma fisonomía, la misma talla, la misma melancolía soberbia, en los gestos, en la mirada, en las actitudes. Estos rasgos parecen propios de los pueblos destinados a morir y que sienten instintivamente la agonía de su raza.

Los compañeros no tardan en alcanzarnos. Han encontrado el camino que buscaban. En una hora más de galope, nuestros excelentes caballos nos llevan hasta el umbral de nuestra casa.

Enfermos y médicos

Con frecuencia vemos llegar a nuestra puerta enfermos en demanda de remedios. Hay en Santa Fe un médico genovés, el doctor A.[1], hombre entendido, que habla francés y español, observador inteligente y persona de muy recto carácter. Es nuestro médico, y aunque posee todas las buenas cualidades que pueden exigirse a un hombre de su profesión, la gente de la ciudad —nos referimos a los indigentes— no recurre a él, por lo general, sino después de haber pasado por los embrujos del curandero.

Hemos descripto en otro lugar a este singular personaje y aunque somos ajenos a sus manejos y recursos, lo cierto es que también algunas personas vienen a nosotros para consultarnos...

Esto nos da ocasión de conocer a la clase desvalida, mil veces más interesante aquí que en Europa. Hemos encontrado en Santa Fe, con raras excepciones, entre las personas más desamparadas, una profunda resignación a los designios de Dios, ausencia

---

[1] El doctor Luis Jacinto Fontán. Era francés.

de malicia, de envidia, de amargura y, sobre todo, en grado eminente, la gratitud, ese don del cielo.

Cuando me llegan ramos de flores, frutas, leche, huevos, pescados, la gente de la casa dice en seguida: "Éstos son los enfermos de la señora". Casi a diario depositan en mi puerta, ocultamente, algún lindo ramo de flores. Saben que me gustan y despojan, para obsequiarme, los lindos jardincillos que rodean sus ranchos de paja y barro.

Me ofrecen los primeros duraznos, los mejores higos, las naranjas de invierno (más raras que las otras), y lo hacen con alegre cordialidad, aludiendo a "las bondades de la señora", todo en pocas palabras emocionantes, a veces poéticas y en esa admirable lengua española, concisa, enérgica y graciosa a la vez.

He tenido la suerte de curar a una mujer, con familia, de una fiebre muy maligna y ese hecho feliz me ha dado gran reputación. Mis familiares lo toman en chanza, pero los pobres, que tienen remedios gratis, lo consideran muy en serio. En el barrio me piden consejos y hasta viene gente de sitios apartados, del campo, para consultarme, sobre todo por niños enfermos.

La *Señora Médica* empieza a ser conocida en todos lados. Sin embargo, los remedios son muy sencillos y su eficacia estriba en aquel sentimiento que inspiró la divisa de Ambrosio Paré: "Yo lo vendé, Dios lo curó", profunda sentencia, si bien científicamente escéptica, impregnada de fe en Aquel que todo lo puede. En verdad que, cuando profundizamos algo la medicina, terminamos por no tener mucha confianza en ella, así como algunos que se hacen teólogos acaban por dejar de creer en Dios.

El clima, por lo general, es muy sano. El pampero, viento fresco del sur, barre con todos los miasmas y preserva de fiebres endémicas, hasta en las grandes colonias agrícolas donde ha podido romperse el suelo virgen sin que esos trabajos provocaran ninguna emanación deletérea.

Como en todo país donde la longevidad es cosa frecuente, aquí la mortalidad infantil es frecuente también. Los cuidados que se prestan a los niños son muy poco racionales, y todos aquellos pobrecitos que no disponen de naturaleza harto robusta mueren de corta edad. Sobreviven los fuertes, que suelen envejecer hasta alcanzar el siglo, cuando no se los lleva una apoplejía entre los cincuenta y los sesenta años.

Las mujeres son de extraordinario vigor. Procrean, sin que se resienta su salud, doce, quince, veinte hijos que crían ellas mismas. Una familia de doce hijos es común y a menudo el número se acrece, en proporciones desconocidas para los europeos. La madre de una de mis amigas ha tenido veintiséis hijos, la hermana veintiuno, ella, mi amiga, diecisiete; otra señora, que conozco de nombre, veintinueve. El sacristán y chantre del convento de San Francisco tiene, bien contados, treinta, aunque un vecino suyo, albañil, que solía venir a casa, decía que la cifra era inexacta, si tenemos en cuenta —agregaba— que el tal sacristán vino de Córdoba, donde dejó cinco o seis chicos, los mayores de la familia.

Entre la gente del campo, el hábito de dormir al

raso y sobre el suelo húmedo mientras conducen tropas, expuestos a las brisas heladas del invierno, contribuye a producir reumatismos, oftalmías y a veces elefantiasis.

La viruela en otras épocas ha hecho grandes estragos, produciendo numerosos casos de ceguera. El general Ferré, ex gobernador de Corrientes que ahora reside en Santa Fe, introdujo la vacuna y todavía hay que luchar, para su aplicación, con muchas prevenciones y resistencias[1].

—¡Pero caramba! —dicen los criollos, cuando se les habla de vacunarse—, ¡cómo vamos a creer que esa raspadura preserve de la viruela! ¡Nos toman por zonzos! —Con tales razonamientos se niegan a vacunarse y la viruela sigue haciendo víctimas, sobre todo en el campo.

Algo extraordinario, dada la bondad de este clima, es la existencia, bastante frecuente, de la lepra o mal de San Lázaro[2].

Nada más horrible que el aspecto de estos leprosos, sobre todo cuando son mulatos o de color pardo. Las manchas blancas en relieve, de la lepra, les dan más apariencia de animales que de seres humanos. Cuando el mal data de mucho tiempo, caen poco a poco las articulaciones de manos y pies. A principios de nuestra estancia en Santa Fe, se permitía a estos desgraciados pedir limosna, de casa en casa, los

[1] Desde mucho antes se aplicaba en Santa Fe la vacuna y no fue Ferré quien la introdujo. *(N. del T.)*

[2] Los naturales del país atribuyen esta enfermedad al consumo de la carne de chanchos salvajes, que a su vez se alimentan de la carne podrida de animales muertos en el campo, que nunca se entierran.

días viernes, pero esto les fue prohibido después por temor al contagio y se los relegó a una isla del Paraná, distante algunas leguas de la ciudad. Allí se han construido algunos toscos ranchos de paja y barro donde residen estos desdichados y un barco sale semanalmente con víveres para ellos.

En el país se tiene la superstición de que la lepra es un mal incurable que se trasmite de padres a hijos, pero nosotros hemos comprobado, con nuestros propios ojos, dos casos de curación obtenidos por médicos europeos.

La vista de estos hombres nos infundía siempre compasión, mezclada de un terror bíblico. Nos sentíamos transportados a los tiempos en que la lepra, según la voz de los profetas, se vinculaba a la venganza divina por las trasgresiones a las leyes de Dios. Pensábamos también en la conmiseración de Jesús por los leprosos y nos preguntábamos cómo pudo ser que, de diez hombres curados por él de la terrible enfermedad, sólo uno, un extranjero, viniera a prosternarse en acción de gracias a los pies del Salvador. Ese ejemplo de la ingratitud, innata en el corazón de los hombres, nunca nos había impresionado tanto, como viendo de cerca el terrible flagelo de que Cristo los había librado.

La fiesta de Nuestra Señora de Guadalupe

Estamos en febrero; el calor es intenso, el cielo resplandece; los pastos, quemados por el sol, presentan manchas amarillas que dejan ver el suelo de tonos rojizos. Nos aprestamos para concurrir a la fiesta de Nuestra Señora de Guadalupe, que se celebra todos los años en un mismo día.

La peregrinación es muy renombrada y los devotos invocan a la Virgen por los motivos más diversos. Una promesa a la Virgen de Guadalupe tiene eficacia para cantidad de cosas. Señoras hay que le hacen votos para tener hijos, otras para no tenerlos; algún militar reumático que se siente atacado de su mal el día de la batalla, y no puede moverse, hace una promesa a la Virgen de Guadalupe y sana milagrosamente, batiéndose luego como un león; ésta le pide la salud del esposo, aquélla la del hermano, otra la de un hijo bien amado. Y la Virgen de Guadalupe a todos escucha y a todos ayuda. Por eso es grande su reputación.

Pero vive un poco lejos, y el día de la fiesta es menester procurarse vehículos a cualquier precio. La gente joven, de uno y otro sexo, hace el viaje a caballo, rivalizando en gallardía y destreza ecuestres. En esa ocasión, puede verse en el camino de Guadalupe a todas las niñas de la ciudad —muy mañaneras para evitar los ardores del sol— ataviadas con trajes ligeros, el velillo atado a la cabeza, bonitas y graciosas más que devotas... Para las abuelas, madres y tías salen de las cocheras unos viejos carruajes con adornos dorados, estilo Luis XIV, vestigios del antiguo lujo virreinal. Estos armatostes, tirados a la cincha por cuatro o cinco caballos, sin arneses ni pecheras, que un gaucho dirige al galope, ofrecen un aspecto muy original. Todavía son más pintorescas las altas carretas, de enormes ruedas de madera, arrastradas a paso tardo por seis bueyes magníficos. Las madres de familia cubren lo alto de esas carretas con un toldo colorado a listas blancas o con algunas piezas de tela persa floreada, de colores muy vivos. Bajo ese dosel improvisado se agrupan los niños semidesnudos, las graciosas chiquillas, la madre gentilmente arrebozada en su chal con un pequeño en brazos y el padre, de pie, con su poncho echado hacia atrás, sombreado el grave rostro por el fieltro o el Panamá. Sobre el yugo de los bueyes va sentado en cuclillas un rapazuelo armado de una pica con que aguija su yunta. Es listo como un mono, elástico como un tigre, y sabe mantener un equilibrio que cualquier otro perdería en su lugar. Animan el concurso los gauchos de elegante indumentaria y actitudes airosas, en sus caballos ricamente enjaezados con adornos de plata.

El camino de Guadalupe se llena con esta multitud pintoresca y abigarrada. Todos hablan, gritan, ríen, se interrogan y se responden con esa verba intencionada, fácil y jovial, a veces pueril, propia de los pueblos meridionales. No tardamos en llegar al término del viaje, la capilla.

Esta capilla se muestra deliciosa bajo el azul radiante del cielo, con sus muros blancos, su torre cuadrada y el portal, coronado por una cupulita árabe, de estilo entre cristiano y morisco. La circunda una galería sostenida por pilares de algarrobo, tallados caprichosamente. En el atrio se levanta una altísima palmera, de las más bellas que he visto en el país. Hay algunos naranjos de un verde sombrío, que contrasta con el color blanco de la iglesia y el fondo azul inalterable de la escena. Algo más lejos, entre las ondulaciones del terreno, divisamos la playa dorada de la Laguna Grande. Es éste un lago inmenso y majestuoso que tiene algo del mar por su vastedad.

La Laguna Grande no carece de tradiciones. Allí es donde aparecen, ciertas noches, globos de fuego que bailan sobre el agua y voltejeando fulguran como pedrerías. Si algún nadador demasiado curioso se arriesga a examinar ese fenómeno, en vano tratará de volver a la costa porque los malos espíritus le forman un círculo infranqueable, déjase oír después una terrible detonación y todos los fuegos se apagan. La noche se extiende nuevamente sobre el lago y el nadador no aparece jamás.

También suele verse en las aguas de la laguna un toro blanco, de un blanco de nieve, con cuernos dorados. Malhadado el gaucho que quiera llevarlo con su lazo porque el misterioso animal, que empieza por aparentar mansedumbre, arranca pronto con caballo y jinete y se pierde en las aguas sin fondo de aquel mar en pequeño... a menos que una pronta invocación a la Virgen no los salve de su imprudencia.

De la misma manera, cuentan haberse visto a una joven de rara belleza surgir súbitamente del seno de las ondas. Es blanca, de ojos azules, con largos cabellos rubios que la envuelven casi por entero y cuando el viento los agita despenden una lluvia de finas perlas. Estas perlas, dicen, han existido antiguamente en la laguna. Pero, ¡ay! del audaz que tentare aproximarse a la divinidad acuática, sirena misteriosa, que daría buena cuenta de él para siempre..., si Nuestra Señora no viniera en su auxilio.

¿Se ha hecho la leyenda para la capilla o se ha hecho la capilla para la leyenda? Difícil problema que no sabríamos explicar. Lo cierto es que hoy se prestan mutuamente muy buenos servicios, para satisfacción de creyentes y peregrinos.

La multitud de peregrinos invade pronto las cercanías de la iglesia. Nosotros entramos en la capilla. Está decorada al modo de las iglesias españolas del siglo XVIII. Hay conjuntos esculpidos llamados *retablos* que representan frutas, flores, cabezas de serafines circundadas de alitas doradas y columnas salomónicas ornadas de hojas de acanto.

Mientras el sacerdote celebra la misa y pronuncia un sermón pagado en cien pesos —que según oímos decir a los oyentes fue malo para ese precio—, se forma en las inmediaciones de la capilla el más pintoresco campamento. Han desatado los bueyes que, echados sobre el pasto, miran con ojos bobos y apacibles. Las carretas levantan de trecho en trecho sus toldos de colores abigarrados. Dentro, duermen los niños.

Las mujeres improvisan fogones en el suelo y hacen hervir el agua para el mate en la calderilla indispensable a todo paseo campestre. Por todos lados aparecen tendejones ambulantes. Venden leche, vino, aguardiente, caña de azúcar, naranjas, limones, pan criollo, pastelitos y confituras secas. Los mercaderes más afortunados son aquellos que han podido instalarse a la sombra de esos gigantescos ombúes, cuyo tronco, hueco generalmente, sirve según sus dimensiones, y en caso necesario, de cocina, dormitorio o alacena. Junto a esos árboles se van agrupando los peregrinos para ocuparse de cosas más temporales, después de terminada la misa y el sermón. Se sientan por grupos sobre el pasto y los que no han traído provisiones las compran a los pulperos o vendedores de comestibles. Cuando termina la comida, va cayendo la tarde y la brisa fresca de la laguna previene que la noche se acerca. Los gauchos, que se aburren, improvisan carreras de caballos y señalan la raya en unos ombúes lejanos. Ya están en el camino, rivalizando en rapidez sus caballos y comienzan las apuestas, apasionadas, furiosas. Alguien que llegó a Guadalupe muy orgulloso sobre su carreta, aguijando sus bueyes, la juega y la pierde en un instante, viéndose obligado a recorrer a pie, lastimosamente, su camino. Otro va despojando poco a poco a su caballo de los lindos arreos de cuero trenzado y virolas de plata labrada, para jugarlos. Una a una se le van sus prendas y vese obligado a pedir un maneador para volver a su casa.

¡Pero, qué importa!... Todos se han divertido a lo señor, han oído un sermón de cien pesos, se ha corrido, se ha jugado. Si hoy se pierde, mañana se ganará.

¡Y qué diablos!, no juega el que quiere; para eso hay que tener algo que perder…

El sol se hunde en el horizonte, entre un mar de nubes purpúreas que acompañan siempre a los crepúsculos en este país. Los gallardos jinetes, las graciosas amazonas, las carretas, los coches, todos emprenden camino a la ciudad. La atmósfera se llena de resplandores rosas y reflejos dorados que dan a los objetos aspectos extraños. Llega la noche. Únicamente la pequeña cruz dorada que remata la cupulita de la iglesia brilla todavía un momento en el horizonte como una estrella fija. Pero este fulgor también se apaga. Pronto la soledad y el silencio, huéspedes habituales del lugar, reinan con las sombras de la noche sobre la capilla de Nuestra Señora de Guadalupe.

El Carnaval en Santa Fe

La Cuaresma. Música militar. Una ejecución.

Después de las fiestas de Guadalupe, vienen las de Carnaval. Desde nuestra azotea dominamos la plaza y calles adyacentes. En las casas vecinas preparan el Carnaval con varias semanas de anticipación. Una cantidad enorme de huevos, previamente vaciados con precaución, se llenan con agua perfumada, cerrándolos en uno de sus extremos por redondeles de tafetán verde, azul y rosa, engomados. Estos huevos se distribuyen en canastillas, cajas y bolsas a los caballeros de la casa. Cuando no es suficiente la provisión, se recurre a las mulatas y negras que venden esos proyectiles, indispensables en tiempo de Carnaval. Los aguateros van y vienen sin descanso vaciando sus barriles en todos los recipientes imaginables, que se acumulan tras de los antepechos de las azoteas[1].

Terminados estos preparativos, ya puede empezar el Carnaval, y se inicia, en efecto, a la señal de un cañonazo, el lunes a mediodía, dándose comienzo a

---

[1] La autora llama después balcones a estos antepechos o pretiles de las azoteas, y así traducimos para simplificar el relato. *(N. del T.)*

las hostilidades. En seguida desembocan, por todas las calles, escuadrones de jinetes que van y vienen a gran galope, recorriendo todos los circuitos posibles. Las damas aparecen en las azoteas y a poco el bombardeo se hace general. Las señoritas arrojan agua en toda forma sobre los caballeros. Los caballos, asustados bajo la inesperada catarata, se encabritan, dan coces, se abalanzan y ponen a prueba la habilidad de los jinetes. Éstos, con la mano que tienen libre, lanzan huevos, uno tras otro, a la altura de las azoteas. Las damas los evitan como pueden, pero los proyectiles se suceden con tal rapidez que pronto peinados y vestidos dejan ver las señales de la batalla. Al más arrojado, ágil y diestro de los jugadores se le arroja desde los balcones una gran corona de laureles rosas, que se pone como adorno al pecho del caballo, proclamando así la victoria del jinete. Las frases alegres, los desafíos, las réplicas, las agudezas suben y bajan como proyectiles, desde los balcones a la calle y desde la calle a los balcones.

No bien se aleja una banda de jinetes ya aparece otra, para continuar el asedio, encontrando siempre a las bellas dispuestas a la defensa. El juego, renovado de continuo, dura toda la tarde. A las seis, otro cañonazo interrumpe las singulares justas, aplazándolas hasta el día siguiente.

En la calle, los chiquillos armados de aparatos muy semejantes a los del "Enfermo de aprensión"[1], se esfuerzan por mojar a los paseantes y hacer pene-

---

[1] *Le malade imaginaire*, de Molière. Alusión a las jeringas con que los muchachos arrojaban agua en Carnaval. *(N. del T.)*

trar los chorros de agua por puertas y ventanas, cerradas con precaución en estos días. Nunca terminan estos juegos sin algún accidente: son lastimaduras en los ojos o en la cabeza, producidas por los huevos lanzados de muy cerca, o bien caídas de los caballos que resbalan sorprendidos por el agua y los gritos, despidiendo al jinete o apretando a los viandantes.

Pero esto no significa nada. Todos se divierten despreocupadamente, llenos de alegría, y vuelven a casa calados hasta los huesos, cansados a no poder más y dispuestos a recomenzar al día siguiente.

Cuentan que Rosas, el mejor jinete de su tiempo, no dejaba nunca de mostrar sus habilidades en carnaval[1]. Solía llegar al galope frente a las casas de algunas bellezas porteñas, sofrenaba el caballo hasta ponerlo en dos patas y, mientras lo hacía girar por completo en esa posición, arrojaba a los balcones un ramo de flores, antes de que el animal asentara las patas delanteras. He visto hacer esta prueba en Santa Fe y resulta muy lucida, pero requiere una gran destreza y mucho dominio en el manejo del caballo.

El martes por la noche hay baile de fantasía en el Club del Orden, al que concurrimos. Las damas visten de calle; sólo algunos jóvenes llevan trajes característicos pero sin lujo alguno. Yo lo hago notar a mi vecina doña Trinidad.

[1] Pudo Rosas hacer en su juventud alguno de estos alardes, pero lo cierto es que durante su gobierno prohibió los juegos de Carnaval en Buenos Aires. Es bueno recordar que a la autora hicieron creer cuanta burda patraña circulaba en el país sobre la personalidad de Rosas, aun antes de que fueran oficializadas por la historia. La señora Bernard hablaba de oídas y de perfecta buena fe. *(N. del T.)*

—¡Ah! —me dice—, antes no era así. En época de mi padre, estos bailes de fantasía eran muy lujosos. Mi padre se presentó dos años seguidos con un traje magnífico de dogo veneciano, en terciopelo verde con bordados de oro. El manto de ese traje, adornado con encajes y galones de plata, era de mucho precio. Cuando mi padre murió, mi madre lo regaló a la Virgen de los dominicos, y es el que lleva Nuestra Señora en las grandes ceremonias. Fíjese bien, cuando la saquen en procesión y pase por nuestra calle.

Estos pormenores me resultan muy edificantes, así como el gesto compungido de doña Trinidad.

Llega el miércoles, termina el Carnaval y empieza la Cuaresma. Es tiempo de procesiones nocturnas, de sermones, estaciones y adorno de altares. Las almas devotas andan muy atareadas. Casi todas las noches sacan algún santo de su sagrado retiro y lo llevan de una iglesia a otra. La congregación de las *Damas vestidoras* entra en actividad. Cada miembro de esta asociación piadosa guarda en su casa una prenda del rico traje de la Virgen o de algún santo: una el collar de perlas, de considerable precio; otra el rosario, también de perlas con cruz de esmeralda; ésta el broche del manto, adornado de veintidós brillantes; la de más allá la corona, especie de tiara de plata, curiosamente cincelada; luego las capas bordadas en oro, de Santo Domingo, San Raimundo y San Jerónimo. A este último santo le tocaba cierto día salir en procesión, pero debió quedarse en su altar porque la dama que tenía en su poder el manto se encontraba a la sazón enferma, y no quiso ceder a nadie el honor de vestir la sagrada imagen. Diariamente vemos pasar algunas jovencitas cargadas de jarrones con flores, cirios, plantas de adorno y encajes destinados a los altares. Casi todas las noches hay procesiones en que los fieles llevan antorchas.

El Domingo de Pascua, muy de mañana, fanfarrias, carillones, cohetes, camaretas y cañonazos anuncian la resurrección del Salvador, mientras las músicas militares hacen oír polcas y mazurcas. Por la noche se baila.

* * *

Hemos nombrado las músicas militares que desempeñan papel muy principal en todas las fiestas cívicas y religiosas. Aquí, la *Banda* tiene la originalidad de que reemplaza a lo que en Europa llamaríamos pena de galeras. En este país se condena a tantos años de clarinete o de bajón, como entre nosotros a trabajos forzados en Tolón o Brest. He aquí una escala aproximada de las penas: Supongamos un individuo, autor de un delito que en Francia debiera juzgar el tribunal correccional. Aquí se lo hace *vigilante*, o servidor de la policía. Y ya lo tenéis, muy jarifo, vestido de camisola roja con gorro del mismo color, galopando a diestra y siniestra, portador de mensajes y órdenes u ocupado en prender a los ladrones. ¿Que el delito es más grave, por ejemplo robo con premeditación? Entonces hacen del delincuente un soldado por dos o tres años y lo envían de servicio a la frontera norte, en el límite de los indios *bravos* (no sometidos). No tardan en juntarse a él su mujer y los muchachos, y si no es casado, pronto encuentra una prima, conocida o amiga para lavarle la ropa y hacer la comida. El *pobrecito* no podría vivir solo. A éste, que llamaremos el condenado número 2, lo visten de azul y le dan un sable y un fusil viejo del que con prudencia no se servirá, porque sabe que el cañón del arma apenas si está ajustado a la culata por cuatro clavos flojos. Para eso tiene, felizmente, lazo, boleadoras, cuchillo y lanza, las armas del indio, que le bastan para pelear a los indios.

Viene ahora el gran criminal, el sujeto incorregible, indeseable, ladrón y pillo que nunca dará un puñetazo sino una puñalada. A éste lo dedican a la banda, para que toque la música en expiación de sus delitos, durante cuatro, cinco y hasta seis años y más, según lo entienda el criterio del juez. Le dan como uniforme una especie de paletó y un quepis, pero muy raramente le proporcionan calzado.

El director de la banda de música, que suele ser alemán o italiano, tiene autorización del jefe de policía para dirigir la orquesta armado de una pistola que coloca sobre el atril. También tiene derecho a romperle la cabeza al músico recalcitrante, que reincide en las notas falsas o en casos de mala conducta. Esta banda se aloja en un cuartel, bajo la vigilancia del segundo director de orquesta, cuya vida corre peligro constantemente bajo la amenaza de estos alumnos ejemplares. Les dan un solo cuchillo para comer, pero amarrado a la mesa con cadena y candado. Terminada la comida, el director se encarga de retirar los cuchillos, sin verse libre de recibir toda clase de proyectiles, como huesos, pedazos de ladrillo y trozos de leña. Las velas de los atriles desaparecen de continuo y terminan en las sartenes de freír, de suerte que, llegada la noche, no hay luz. Hacen pedazos las partituras de música, destrozan los cueros de los tambores, pierden o venden los instrumentos y las bellaquerías son de nunca acabar.

Pero lo que hay en todo esto de más notable es que la música no resulta mala, en modo alguno. Al oír a esta extraña pandilla ejecutar con verdadero gusto lindos trozos de las óperas nuestras, nadie diría que están condenados a hacerlo, como otros lo están a pena de presidio.

* * *

Existe la pena de muerte, pero aplicada en muy raros casos. Durante cinco años de residencia en Santa Fe, sólo hemos visto una ejecución, como consecuencia de un delito excepcional.

Un vasco francés, residente en Rosario, había salido de viaje para comprar hacienda en Entre Ríos. Debía pasar por Santa Fe y se hizo acompañar por un *baquiano* a fin de que lo encaminara a través del monte. Tanto el baquiano como el francés eran jóvenes, de veinticinco a veintiséis años. El vasco, muy comunicativo, dejó entrever sus proyectos, el objeto de su viaje y las compras que pensaba efectuar. El baquiano se dejó tentar por el cinto, hinchado de onzas de oro. Con pretexto de buscar una chuchería perdida, desanduvo camino al galope y, mientras el francés marchaba descuidado, lo enlazó de atrás y lo sacó del caballo, arrastrándolo luego hasta aturdirlo completamente. Después se apeó y le dio de puñaladas con toda sangre fría, se apoderó del cinto con dinero, del reloj y otras prendas, siguiendo viaje para Santa Fe. En la ciudad, se alojó en el mejor hotel, pidió que lo sirvieran bien, jugó con alardes de persona rica, dejando caer las onzas de oro sobre el tapete verde y el mostrador. La policía no dejó de advertir a este desconocido, joven y mal trajeado, que lucía reloj y gastaba lujos desconocidos entre los gauchos. Estuvo sobre aviso. Al día siguiente, el correo de Rosario, que hace a caballo el viaje hasta Santa Fe, da cuenta de haber visto en el monte el cadáver apuñalado de un hombre joven, europeo de apariencia, bien vestido y al que le faltaba el cinto. Con esta declaración detienen al baquiano, buscan el cuerpo del vasco y ponen aquél en presencia del cadáver. El baquiano se turba, palidece y acaba por confesar, no sólo ese crimen sino dos más que había cometido en Córdoba, en circunstancias análogas, victimando a dos extranjeros. Él mismo da los pormenores de la muerte del vasco, tal como acaba de leerse. El juez de instrucción, impresionado ante esa especie de jactancia con que el procesado narra los pormenores de sus crímenes, se siente conmovido y no puede menos de decirle:

—Pero, ¿cómo ha podido usted hacer esas cosas?

El criminal se endereza y levanta con orgullo la cabeza.

—Usted me pregunta, señor, cómo he podido hacer todo eso. ¡Pero es que yo sé matar!...

¡*Yo sé matar!* ¿En dónde no encuentra el orgullo su escondrijo?

A fin de hacer un terrible escarmiento entre los baquianos, condenan a muerte al criminal. Algunas personas de mi casa asisten al fusilamiento, que tiene lugar a mediodía.

Desde las nueve, la guardia nacional está lista. A la hora prevenida, forman el cuadro en una plaza, delante del cuartel cuyos calabozos sirven de cerca. A las doce aparece el condenado. Lo acompañan dos frailes de San Francisco que le han recibido confesión y exhortado en sus últimos momentos. Un banquillo de madera, con alto respaldo, se coloca en el centro del cuadro. El baquiano se sienta. Muestra serenidad, sin alardes ni ostentación. El pelotón que debe fusilarlo se alinea frente a él. A un signo del comandante, los padres, que no han cesado de hablarle en voz baja, se retiran. La multitud de asistentes, muy compacta, guarda profundo silencio. Sólo se oyen las órdenes del oficial. A la voz de ¡*Fuego!*, seis tiros mal dirigidos hieren al desgraciado en la mano, el hombro y la rodilla, sin quitarle la vida. El condenado se mantiene todavía tranquilo, y dice en alta voz: "Tiren otra vez".

Una segunda descarga, tan torpe como la primera, lo acribilla de balas pero no da ninguna en la cabeza ni en el corazón. El condenado vacila en su asiento y caería en tierra sin las ligaduras que lo sujetan. Pero conserva fuerzas para repetir: "Tiren, tiren". Murmullos, gritos e injurias amenazantes se levantan de la multitud. El comandante del pelotón se impacienta y temiendo un nuevo fracaso, arranca el fusil a uno de los soldados, se acerca a la víctima y a quemarropa le descarga un tiro en el corazón poniendo fin al horrible suplicio.

El cadáver queda expuesto durante la tarde. A eso de las seis, un carro fúnebre, escoltado por gente de tropa, trae a la Merced los despojos del infeliz baquiano. Desde mi ventana se oyen las voces lúgubres de los sacerdotes que cantan el oficio de difuntos. Mi vecina doña Trinidad asegura que el muerto ha alcanzado la salvación eterna porque se confesó y obtuvo la absolución del sacerdote. Se irá derecho al cielo. Así sea.

Las quemazones

Han pasado los fuertes calores del verano y tenemos tiempo magnífico. Llega la época de las carreras de caballos y los paseos por el campo.

Hemos salido con intención de recorrer las playas del Salado, inundadas casi siempre, y seguir costeando las orillas del río. Este río Salado o Juramento fue explorado en todo su curso por la expedición de don Esteban Rams y Rubert. Es un río de aguas azules tan saladas que sus peces, excelentes y abundantes, son de un sabor muy parecido a los del mar. Los herbazales cortos y de anchas hojas que cubren el bañado muestran en ciertos lugares cristales de sal, que brillan como capas de nieve, desconocida en este clima.

Las aves más hermosas habitan las márgenes del río: el flamenco blanco de alas rosadas y cuerpo gris de reflejos cárdenos, patos silvestres, cisnes blancos de collarines negros, gallinetas de las islas, ibis que se pasean gravemente o nadan en las aguas tranquilas.

En el *campo*, llanura inmensa, se levantan de trecho en trecho los ombúes gigantescos y los cactos de troncos nudosos que hacen pensar en algunos árboles de Europa; vense mimosas de todas clases, arbustos cargados de unas flores deliciosas color amarillo azafranado que dejan escapar especies de madejillas de seda; hay verdaderos tapices de margaritas purpúreas, verbenas coloradas y otras mil bonitas flores que lucen entre la hierba.

Las pequeñas quintas o *chacras* se divisan de distancia en distancia. Tienen cercos de cactos silvestres o *tunas* y les dan sombra los árboles de yuca, las pitas de gran tamaño y una especie de fresno, que en verano florece en racimos lilas muy perfumados.

En la cima de los ombúes se ve casi siempre el águila americana, especie de buitre, de grito salvaje y ronco. Con un tiro de carabina derribo a uno de estos pájaros, que describe un círculo en el aire y viene a caer entre las patas de nuestros caballos. Ya moribunda, me mira todavía con ojos de odio y desafío.

Hacemos galopar los caballos hasta llegar a la entrada de un monte virgen. Desde allí miramos atrás para dominar la llanura que nos rodea. En esto echamos de ver en el horizonte una faja de humo negro que parece adelantar hacia nosotros con notable rapidez. De vez en cuando, entre esa barra compacta que avanza, se abren algunos boquetes que arrojan llamas rojas y amarillas. Es una *quemazón* o incendio de campos. El espectáculo se hace cada vez más grandioso. La llanura queda pronto convertida en un mar candente donde el viento lleva y trae las olas de fuego. Por instantes, desplazándose con movimientos de marea, las llamas retroceden dejando ver el suelo ennegrecido, veteado a trechos de gris y blanco por la naturaleza del terreno. En seguida los pastos abrasados vuelven a recubrir el suelo al soplo del viento y las llamas voltejean caprichosamente, saltando de un matorral a otro.

Muy luego un raro crepitar de hojas se deja oír a nuestra espalda. Es que el viento, cambiando de dirección, ha formado un nuevo foco de incendio y el bosque comienza también a arder.

Con presteza concertamos lo que nos queda por hacer para salvarnos. El único partido a tomar es internarnos en el monte y ganar las márgenes de la Laguna Grande que deben extenderse hacia la derecha.

Los caballos, asustados, dan relinchos de terror. Empiezan a sentir la atmósfera quemante y se encabritan, negándose a obedecer. Las ramas de los árboles crujen y chisporrotean muy cerca de nosotros. Hay que salir a toda costa, porque la situación se agrava por minutos. Finalmente, a fuerza de gritos y latigazos y espoleando nuestros caballos, los obligamos a entrar en el monte, que arde solamente por sus orillas. Así logramos alejarnos en lo posible, con toda rapidez, de la quemazón cuyas columnas de humo negruzco siguen oscuriendo el cielo. Terminamos por llegar a las costas de la Laguna Grande y seguimos las playas de arena dorada, bañadas por las olas majestuosas. La brisa fresca de la laguna se nos hace más placentera después de atravesar aquel ambiente de horno. Al cabo de un momento, mi caballo da las mismas muestras de inquietud y terror que una hora antes. Miro el horizonte: ningún peligro aparece, pero examino el suelo y todo se explica. Sobre la arena húmeda de la playa, donde toda huella se marca con gran nitidez, se ven los rastros de las patas y garras de un jaguar o tigre americano. Según la distancia entre una y otra pisada, el animal debía ser muy grande. Obligo a mi caballo —no obstante el terror que manifiesta— a seguir los rastros del tigre, que unas veces se acercan a la laguna y otras se alejan hasta perderse en los matorrales de la barranca, especie de cantil, que separa la playa del campo. De pronto vemos ante nosotros un indio, de pie, junto a su caballo. Ha clavado la lanza en la arena y ajusta un atado a un lazo envuelto al pescuezo del animal. Es de aventajada estampa y su figura parece fundida en bronce. Nos mira pasar con ojos huraños y aire receloso pero sigue en su tarea sin parecer ocuparse de nosotros. ¿Cómo y por qué se encontraba allí? No sabíamos explicarlo. Hubiérase dicho surgido de la tierra. Andábamos en una playa muy llana, sin depresiones ni eminencias; sin embargo ese hombre había encontrado la manera de ocultarse a nuestras miradas y surgir como de estampía, en el lugar y momento que quiso. Es ésta una de las cualidades propias de la raza, fecunda en amaños para todo lo que hace a los ejercicios del cuerpo y a los refinamientos del instinto. Unas matas de pasto, algunas malezas, una pequeña zanja, bastan al indio para mantenerse oculto donde cualquier otro trataría en vano de esconderse. Este encuentro no me resulta nada agradable y propongo a mi acompañante que nos pongamos al galope.

—Todo lo contrario —me dice muy tranquilo—, lo mejor es aparentar indiferencia y calma. Por otra parte, nos alcanzaría en seguida, aunque no tuviera mala intención y sólo por divertirse fingiendo que nos perseguía.

Habían pasado pocos instantes cuando el galope de un caballo que se alejaba vino a tranquilizarme sobre las intenciones de aquel indio, cuya aparición tan súbita e inesperada me había producido, lo confieso, verdadera inquietud.

Tomamos el camino de la ciudad. La noche se acerca. Millares de cocuyos vuelan sobre los pastos como chispas vivientes. Bandadas de loritas verdes, de palomas y otra infinidad de pájaros vuelven a sus nidos. Solamente la lechuza se mantiene vigilante, posada sobre los montículos de tierra que se forman en las madrigueras de las vizcachas y cubren los campos.

Encontramos algunas mujeres campesinas que han andado de compras en la ciudad y vuelven a sus ranchos. Marchan a caballo con sus hijos. Un pequeño, de siete u ocho años, monta en la cruz del animal y tras él, sentada, la madre con un chicuelo en las rodillas y un rorro a la espalda, envuelto en un chal, a manera de saco. En ancas, van todavía un muchacho y una chiquilla. El caballo, cargado desde la crin a la cola, trota con resolución. Yo me siento admirada al ver todo ese conjunto en perfecto equilibrio. El pequeño que maneja quiere entonces, como buen gaucho, mostrarme su dominio, y talonea al caballo hasta ponerlo al galope con toda su carga, sin ningún accidente, porque el criollo argentino es habilísimo jinete, cualquiera que sea el sexo o la edad. Ya en las afueras de Santa Fe, pasamos por las rancherías de indios sometidos o *mansos*, como los llaman en el país. Al abrigo de los galpones —especies de hangares—

se hace la cocina de la noche. Brillan los fogones bajo las ollas de tres patas, donde se cuece el maíz o la carne con arroz. Grupos de muchachos medio desnudos se revuelcan en la tierra y los niños de pecho se balancean en unas cunas de cuero de potro, en forma de cajón, suspendidas por sus ángulos a las vigas del techo.

Mujeres y jovencitas se encaminan al río, para sacar agua. Llevan el chal flotante echado hacia atrás, o cubriendo con donaire los hombros, y mantienen sobre la cabeza un ánfora de barro cocido. Estas figuras de moreno semblante y andar majestuoso, que se recortan en el horizonte bermejo del crepúsculo, tienen cierta poesía primitiva y hacen pensar en las escenas pastorales de la Biblia.

Vueltos a casa, podemos divisar desde la azotea los resplandores de la quemazón entre las tinieblas de la noche. Nos dormimos dando gracias a la Providencia por habernos resguardado de tantos peligros.

La manumisión de los esclavos

En nuestros paseos fuera de la ciudad, nos ha llamado siempre la atención el gran número de casas abandonadas, con sus grandes cercos derribados de trecho en trecho y esparcidos y pisoteados por los animales.

Las construcciones empiezan a caer en ruinas, los pozos de las casas se rellenan, las arboledas de naranjos, de limoneros, de duraznos y manzanos, las plantaciones de algodón, aparecen derribadas o comidas por los animales. Estas moradas, donde hasta no hace mucho tiempo reinaban el orden, la riqueza, la abundancia, son ahora campos de ruinas y ofrecen un aspecto desolador. He inquirido las causas de todo esto y varias personas me lo han explicado así:

Cuando el 25 de mayo de 1814[1] [sic] se proclamó

---

[1] Huelga señalar algunos errores históricos contenidos en este párrafo. La autora debe de referirse a las leyes dictadas por la Asamblea General Constituyente de 1813, sobre libertad de vientres y la de los esclavos extranjeros que pisaran el territorio así como a la ley que reglamenta la educación de los libertos y ordena que sean emancipados, cumplidos los veinte años. Por lo demás, los hechos narrados en este capítulo por la señora Beck Bernard revisten gran interés histórico y

la independencia del país, se promulgaron también los dos grandes principios de los pueblos libres, a saber la libertad de cultos y la abolición de la esclavitud. Esto último no podía llevarse a cabo de una sola vez y fue necesario llegar paulatinamente a la libertad, tanto por consideración a los propietarios de esclavos como a los esclavos mismos. Había que dar tiempo al arribo de emigrantes extranjeros que reemplazaran a los negros en el trabajo. A ese efecto se dispuso que los esclavos casados debían continuar sirviendo a sus patrones por diez años, al cabo de cuyo tiempo quedarían libres, ellos y los hijos nacidos antes de 1814. Los hijos nacidos durante esos diez años —a que me he referido— estaban obligados a servir, las mujeres hasta cumplir dieciocho años y los varones hasta los veinte. Transcurrido ese plazo, quedaban también libres y con ello se cumplía la total emancipación.

Los períodos se habían escalonado en una treintena de años y parecía evidente que las cosas se realizarían de acuerdo con esa disposición. Pero no fue así y ocurrieron de esta manera: Corridos los diez primeros años, los esclavos casados y los mayores de sus hijos, declarados libres, abandonaron a sus amos. Esto ya importó un trastorno muy grande en la esfera del trabajo. Con esos hombres se iban los brazos bien ejercitados y los artesanos, carpinteros, cerrajeros, fabricantes de carretas, albañiles, tejedores, etcétera. Se iban también los labradores, porque los negros desempeñaban los trabajos de agricultura. Entretanto,

---

aportan informaciones muy novedosas para el estudio de la esclavitud en el país. *(N. del T.)*

la inmigración no llegaba. Las guerras civiles lo impedían y por otra parte las corrientes emigratorias de Europa se sentían atraídas hacia los Estados Unidos de América. Solamente Buenos Aires acrecía su población extranjera, debido a su posición geográfica, a su comercio y a las gestiones de los representantes de países europeos.

Quedaba, como dijimos, en las provincias, la segunda serie de esclavos para liberar, es decir los nacidos de 1814 a 1824. El término fijado para la emancipación se cumplió a su vez y la manumisión de todos los esclavos, de acuerdo con lo dispuesto, resultó casi impracticable. Muchos partieron a unirse con sus padres; otros, que no los tenían, huyeron sin autorización de sus amos y hubo familias ricas y generosas que se impusieron verdaderos sacrificios para cumplir con lo establecido por la nueva Constitución[1]. Pero la gran mayoría de los esclavos permaneció todavía en poder de sus propietarios. Así estaban las cosas cuando el general Urquiza llegó a Santa Fe en 1852. Era en el tiempo de sus primeras victorias contra Rosas. El pronunciamiento no había satisfecho a todos los santafecinos, siempre en guardia contra el partido gaucho, representado en aquel momento por Urquiza[2]. Si bien es cierto que se le proporcionaron

---

[1] En este caso, la autora parece aludir a la Constitución de 1853. En realidad hasta esa fecha existió la esclavitud y para su abolición completa fueron necesarias medidas como las que tomó el general Urquiza, según se refiere, creo que por primera vez, en este capítulo. *(N. del T.)*

[2] Aquí se hace necesaria una pequeña digresión de carácter histórico para evitar confusiones y determinar el valor de estas interesantes referencias. Urquiza pasó con su ejército a la provincia de Santa Fe en

hombres y que se le dio un baile de honor en el salón de la casa que nosotros ocupamos algunos años más tarde, el general pudo advertir la frialdad del recibimiento y decidió vengarse. No podían ocultársele las dificultades que ofrecía la manumisión de los esclavos

---

los últimos días del año 1851; no estaba para ocuparse de la libertad de los esclavos, en Santa Fe, porque marchaba en dirección a Buenos Aires. El 3 de febrero de 1852 fue Caseros. De más está decir que Urquiza no representaba el *partido gaucho*. Dice la señora Beck Bernard que "el pronunciamiento no había satisfecho a todos los santafecinos". ¿El pronunciamiento de 1851?... Una ligera ordenación cronológica haría más comprensibles estas afirmaciones, asignándoles —quizá— su verdadero lugar y su verdadero valor. Urquiza, después de Caseros, volvió a Santa Fe en septiembre de 1852 y no abrió formalmente nueva campaña contra Buenos Aires hasta 1859 (Cepeda). El vencedor de Caseros no tenía por qué ser mal recibido en Santa Fe, en 1852. Pero no debe olvidarse que, hasta 1860, Urquiza, como presidente de la Confederación, debió mantener una política dificultosa, que no siempre satisfizo a las provincias, frente al Estado independiente de Buenos Aires. En Santa Fe, por ejemplo, vióse obligado a favorecer a Juan Pablo López, contra el gobernador don José María Cullen, que ya simpatizaba con la política de Buenos Aires. Y para cierto sector de la opinión, López representaba el *partido gaucho*... siendo mal mirado por la población culta. Si tenemos en cuenta que los esposos Beck Bernard estuvieron muy cerca de la familia Cullen, no resulta difícil explicarse los juicios de la autora sobre el general Urquiza y los cargos que le hace, confundiendo hechos y circunstancias. La simpatía que demuestra la señora Bernard por la causa de Mitre, después de Pavón, parece tener el mismo origen. El baile que se dio a Urquiza en Santa Fe debió de celebrarlo en 1853, y si hubo frialdad para el vencedor de Caseros, de parte de la sociedad santafecina, no sería por razones de política sino más bien por aquel artículo de la Constitución, recién sancionada, que decía: "En la Nación Argentina no hay esclavos, los pocos que hoy existen, etcétera...". La reunión de los esclavos que hace Urquiza en el Cabildo se efectuaría en 1853 o 1854 y es dato de positivo interés, que hace honor a los antecedentes del vencedor de Caseros y a su merecido renombre de Libertador. *(N. del T.)*

restantes y se propuso dar un corte definitivo a la cuestión, perjudicando gravemente a los propietarios. Fue así como ordenó la reunión de todos los esclavos en el Cabildo haciendo entregar a cada uno su acta de liberación con un pasaporte que le permitía embarcarse de inmediato en cualesquiera de los navíos anclados en el puerto de Santa Fe. Tal medida tuvo el carácter de un "sálvese quien pueda" general. Dama hubo, propietaria hasta esa mañana de treinta o cuarenta sirvientes, que se vio obligada por la noche a trabajar ella misma en la cocina para prepararse el sustento y se dio el caso de algún estanciero en cuyas chacras trabajaban hasta cien esclavos que se encontró solo y abandonado por sus peones, de un momento a otro. En pocas semanas los ganados invadieron los sembrados y arrasaron las plantaciones. Los propietarios abandonaron entonces las estancias y campos cercanos a la ciudad y los indios se aprovecharon para dar buena cuenta de todo. Huelga decir que los esclavos viejos, cojos o inválidos no pensaron en acogerse a la libertad que les brindaba el general Urquiza. Permanecieron junto a sus amos y fueron amparados y cuidados por ellos hasta la muerte, como lo hemos visto con nuestros propios ojos en casa de algunas familias amigas. También se dieron casos impresionantes de afección y recíprocos sacrificios. Así, doña Carmelita L..., hija de un caballero que se vio arruinado por las guerras civiles y por la primera manumisión de esclavos, no tenía sino una esclava cuando se produjo la resolución de Urquiza. Esta esclava abandonó a su ama dejándole dos hijos muy pequeños, un varón y una mujer. Para doña Carmelita, señora entrada en años y de salud quebrantada, la madre esclava significaba una ayuda y los pequeños una carga. Sin embargo se encargó de la crianza de estos últimos sin una queja, solícitamente, maternalmente, costeando el mantenimiento de las criaturas con labores de aguja que hacía vender en la ciudad. Algunos años más tarde, doña Carmelita ya vieja y afectada por una grave dolencia, fue cuidada con la mayor fidelidad por los dos hijos de su antigua esclava. La muchacha, Melitona, mulata blanca de una rara belleza, trabajaba de planchadora y su hermano de carpintero. Ambos llamaban *El Ama* a doña Carmelita y hasta el fin de sus días la rodearon de los más tiernos cuidados. En esas circunstancias conocimos nosotros a esas tres personas unidas por lazos de cariño y abnegación, como consecuencia de los extraordinarios sucesos a que me he referido. Hubo otros esclavos que dejaron a sus amos y volvieron atormentados por los remordimientos algún tiempo después; entre esos arrepentidos se contaban mujeres que reaparecieron en casa de sus antiguos dueños al cabo de cinco o seis años con tres o cuatro rapaces a la rastra pidiendo ser reintegradas en la familia y protestando que las habían abandonado sus maridos. Para los que fueron sus dueños, ahora empobrecidos o en situación no muy holgada, tal admisión constituía una carga pero la aceptaron con el buen corazón y el espíritu generoso, innatos en las poblaciones de raza española.

Para la mayoría de las familias, la liberación de los negros ha significado una completa ruina, agravada frecuentemente por la coincidencia de la vejez y de las enfermedades. Conocemos varias personas ancianas y de noble ascendencia que viven recluidas en sus casas antiguas, muy señoriales pero ruinosas. Nunca se quejan y sobrellevan su pobreza con una resignación llena de dignidad. Hasta ahora han podido subsistir vendiendo, una tras otra, sus lindas joyas antiguas, pero el día que se desprendan de la última perla y el último brillante para comprar el pan cotidiano, esta gente, que no ha obtenido compensación alguna por los sacrificios exigidos, se encontrará en la más completa miseria.

Es el caso de decir, también, que la esclavitud en estos países no revistió nunca los caracteres de dureza y crueldad que ofrece en los Estados Unidos. Los españoles han sido siempre buenos amos, muy diferentes de los portugueses, sus vecinos en el viejo y nuevo mundo. La raza americana-española sabe conciliar el orgullo, la dignidad personal, con una bondad llena de sencillez, de generosidad, de compasión, amén de ciertas costumbres igualitarias con los inferiores. Estas cualidades —si prescindimos de la ilegalidad que supone la esclavitud— contribuían a suavizar las asperezas de una institución en sí misma repugnante. De ahí que se formaran entre amos y esclavos vínculos de mutua afección. En esas numerosas familias criollas, formadas hasta de veinte hijos, cada *señorita* solía tomar a su cargo una chiquilla esclava. Desde pequeñita, la madre no hacía más que amamantarla, porque el *Ama* la llevaba consigo, le enseñaba a caminar, le cosía los vestidos. Más tarde la iniciaba también en las labores de aguja y le enseñaba a leer (si ella misma lo sabía, porque suelen ignorarlo), a rezar el rosario y otras oraciones. Cuando la señorita se casaba, pasaba la criada a servir en su casa y después quedaba para cuidar a los niños. Hemos conocido algunas de estas criadas, que por ningún motivo querían abandonar a sus amas.

Aunque muchas familias se sienten muy orgullosas de su ascendencia puramente europea, lo cierto es que en estas repúblicas españolas no han existido nunca los inicuos prejuicios que se dan en la América del Norte contra la gente de color. Desde muy antiguo, los hijos naturales pardos y mulatos han sido con frecuencia reconocidos por sus padres, gozando de los mismos derechos que sus hermanos de raza blanca. A esa ausencia de prejuicios injustos se debe que ha podido contar el país con varios hombres públicos distinguidos.

Pero, lo que sin duda no puede negarse es que los individuos de pura raza negra son, por lo general, inclinados a la pereza, de poca iniciativa y, aunque no desprovistos de inteligencia, mal dispuestos a ejercitarla, siquiera sea para salir de un estado vecino a la miseria. Los mulatos, cuarterones y pardos son mucho más activos, más emprendedores y de allí que vivan en mejores condiciones. Poseen también un espíritu observador, malicioso, cáustico a veces, que se manifiesta con mucha gracia en sus maneras de expresión. También debemos consignar, porque así lo hemos observado, que no existe entre los negros, por lo menos completamente desarrollado, el sentimiento de la afección familiar. Cuando se produjo la manumisión, se vio con frecuencia a los padres, acuciados por el deseo de la libertad, partir abandonando sus hijos a los antiguos amos, y a los hermanos separarse entre ellos sin preocuparse para nada los unos de la suerte de los otros. No los hacemos, empero, responsables de esas actitudes, que se explican como una consecuencia de la irresponsabilidad individual y moral proveniente de una institución inicua en que el hombre se considera como una cosa, perdiendo su carácter sagrado de ser libre, pensante e inmortal.

En este asunto de la esclavitud, las repúblicas hispanoamericanas se han mostrado generosas, grandes, desinteresadas. Han condenado a muchas de sus familias a la escasez y a la indigencia misma. El sacrificio ha sido grande. Sería menester haber contemplado como nosotros las ruinas y las víctimas para hacerse una idea de lo que costó la realización del alto y noble ideal de la manumisión. Y estos países no se han echado atrás ni han vacilado un momento para llevarlo hasta el fin. Cualesquiera que sean las amarguras del presente, lo hecho, hecho está y ya no tendrán que ocuparse de esa cuestión en el porvenir. Dios les tendrá en cuenta esa gran obra.

Recuerdos de Garibaldi

Este hombre extraordinario, que representa, para nosotros, el único carácter realmente caballeresco del siglo XIX, ha dejado en la República Argentina la memoria de un valor temerario, de un noble desinterés y de una grandeza moral que asegura para su nombre una fama imborrable.

Suelen darse, en la carrera de las armas, destinos que en algún respecto se asemejan al suyo: jóvenes surgidos de humildes orígenes que escalan las más altas posiciones e ilustran sus nombres por el talento o el valor. Pero en el caso de Garibaldi, hay algo más que todo eso. La espada de este hombre, cuyo peso se deja sentir más o menos en la balanza de Europa y en la suerte de reyes y pueblos, es la espada de un caballero prócer. Porque entra en su extraño prestigio la sugestión de la grandeza moral y de la más pura abnegación. Aquel joven capitán de largas andanzas que, llegado con su barco a Montevideo por asuntos comerciales, se quedó seis años para constituirse en héroe y defensor de la ciudad, pudo disponer de los tesoros de ese pueblo rico y se mantuvo, sin embargo, con la ración de un simple soldado. En Roma, fue por un momento dictador y dueño de los tesoros de la ciudad eterna. ¡Y se mantuvo también pobre! Pocos años después ofrece a su país y a su soberano un nuevo reino: el heroico labrador de la isla Caprera vuelve a su chacra con su misma noble y gloriosa pobreza. En este nuestro siglo, de corrompido positivismo, en que la palanca social es el lingote de oro, Garibaldi no tiene otra palanca que una noble espada, jamás pagada por nadie.

En América del Sur, Garibaldi ha dejado grandes recuerdos. En Santa Fe hemos encontrado a menudo oficiales que combatieron en Montevideo a las órdenes de Garibaldi y hablan de su antiguo jefe con enternecido respeto. Para ellos, Garibaldi es más que un héroe, casi un santo. En la última guerra entre la Confederación y Buenos Aires (1861-1862), los antiguos compañeros de armas del héroe italiano morían gritando: "¡Viva Garibaldi!". Uno de ellos, prisionero de los soldados de Urquiza y condenado a muerte como espía, encontró, camino del suplicio, alguna pobre gente entre la que repartió el poco dinero que llevaba consigo.

—Amigos míos —les dijo—, acompáñenme y, en el momento en que caiga atravesado por las balas, griten: "¡Viva Garibaldi!". —Al oír esto, un clamor de simpatía corrió entre todos ellos. "¡Van a fusilar a un soldado de Garibaldi!"

Los oficiales apresuraron la ejecución, temiendo que el prisionero fuera libertado, sólo por el prestigio de ese nombre glorioso.

Al recuerdo de Garibaldi en Montevideo se vincula el de su digna compañera, figura severa y pura, alma sencilla y grande, que unía en el campo de batalla la dulce abnegación de la mujer al corazón intrépido de un héroe.

Cuando llegó a Santa Fe la noticia de la entrada de Garibaldi en Nápoles, todos los barcos genoveses anclados en el puerto fueron embanderados y los mástiles se cargaron de flores y guirnaldas. El cañón resonaba de tiempo en tiempo y las músicas, los petardos, los cohetes anunciaban a la ciudad sorprendida que, a dos mil leguas de distancia, más allá de la línea que divide el globo en dos hemisferios, un hijo del suelo italiano había conquistado un nuevo florón para la corona de su patria y de su rey. Como es tan general el recuerdo de Garibaldi, la gente se asoció espontáneamente y con entusiasmo al homenaje. Los barrios inmediatos al puerto fueron embanderados y se veían banderas uruguayas y de la Confederación Argentina unidas al pabellón italiano. La comisión directiva del Club del Orden ofreció los salones del local a un Comité de Fiesta italiano, que organizó para esa misma noche un lindo baile. La sala estaba adornada con guirnaldas de flores y colgaduras de telas rojas, verdes y blancas. Estos homenajes rendidos a Garibaldi, en el otro extremo del mundo por un grupo de sus conciudadanos, nos parecieron muy bellos y emocionantes. Los organizadores no dudaban de encontrar la mejor acogida en esta provincia, donde su héroe ha dejado recuerdos tan puros. Junto al sentimiento nacional, que los llenaba de regocijo por la gloria de su patria, estaba el homenaje personal rendido al hombre mismo, al héroe que ha ilustrado la historia de su patria con sus virtudes individuales de cuño antiguo, más aún que por su prodigiosa valentía.

El convento de la Merced

Frente a la casa en que vivimos, y del otro lado de la Plaza Mayor, se levanta el convento de la Merced, vasto edificio que los jesuitas han ocupado hace poco tiempo. En la época de que hablamos estaba deshabitado y bajo la guardia de un solo sacerdote, hombre joven, sencillo y afable. Un amigo nuestro nos presentó a don Pablo, con quien mantenía estrecha amistad.

Hemos recorrido este inmenso edificio, construido con la solidez propia de la arquitectura jesuítica. Un claustro formado de hermosas arcadas encuadra un patio enorme plantado de naranjos que dan una sombra espesa y perfumada. En medio del patio hay un pozo cuyo brocal está rematado por un arco en ojiva, de hierro forjado. Las celdas son grandes, altas, muy numerosas; hemos contado cerca de ochenta. Las viguerías son de palma, la techumbre de teja española. En la iglesia, los confesonarios y el púlpito están construidos en madera de jacarandá, maciza y ricamente tallada. El altar mayor ostenta una tela muy mal pintada, pero en la sacristía, abandonado sobre un antiguo armario, hemos visto un excelente cuadro de la escuela española primitiva.

Contigua a la sacristía está la biblioteca y sus ventanas dan al claustro. Es un salón espacioso, donde reina un ambiente doctoral, impregnado de fuerte olor a moho. Nuestro *cicerone* asegura que nunca entra en él y a fe que lo creemos conociendo el horror de los clérigos criollos por todo lo que tenga apariencia de estudio. Sólo por complacernos ha ido a buscar la llave de la pieza y nos ha hecho pasar. Estantes antiguos de madera tallada sostienen pesados volúmenes de sólidas tapas con puntas y manecillas de cobre. Todo aparece sucio, polvoriento, derrengado, desvaído, roído por los ratones. Dispersos aquí y allá se ven algunos sillones de alto respaldo, tapizados en cuero de Córdoba. Los cubre una capa de polvo que parece datar del tiempo en que los reverendos padres fueron expulsados de sus posesiones españolas en América.

Los jesuitas fueron dueños de inmensas riquezas. En Santa Fe les pertenecían las más grandes estancias, entre otras la de San Javier, con ochenta mil cabezas de ganado. La sacristía y el altar mayor de la Merced rebosaban de objetos de oro y plata. La diadema de brillantes que lucía la imagen de la Virgen en los días de grandes ceremonias representaba un valor muy crecido; los cálices, las cruces, los relicarios, mostraban magníficas pedrerías: esmeraldas, perlas, rubíes y calcedonias.

Cuando se ordenó la expulsión de los jesuitas, bajo el reinado de Carlos III, en 1767, la real orden fue trasmitida en secreto al virrey y llegó inopinadamente a Santa Fe. El gobernador dio apenas dos horas a los reverendos para preparar la partida y salieron del convento con el breviario bajo el brazo y el rosario en la mano. Se embarcaron sin otro equipaje, porque no se les permitió llevar nada más. Pocos momentos después los delegados del gobierno entraban en la Merced para tomar posesión del convento en nombre del Rey de España. La iglesia, el convento, la sacristía estaban allí, pero todo perfectamente vacío. Las riquezas, las joyas, el tesoro amonedado, ¡todo había desaparecido! En vano se buscaron huellas de sótanos y subterráneos. Poco a poco se abandonaron las búsquedas y la indolencia criolla se encargó de lo demás. Los virreyes fueron expulsados a su vez, sobrevino la guerra de la independencia y vinieron las guerras civiles todavía más largas, del tiempo de Rosas, que no dejaron lugar para otros cuidados y preocupaciones.

Casi ochenta años pasaron. El clero secular había quedado en posesión de la iglesia y del inmenso convento en cuya soledad moraba un solo sacerdote acompañado de una horrible negra que le hacía la cocina[1].

---

[1] Después de la expulsión de los jesuitas de Santa Fe (16 de julio de 1767), la iglesia y el convento quedaron a cargo del Cabildo. Algunos días más tarde, los mercedarios, que ya tenían casa en la ciudad, obtuvieron la cesión de los edificios dejados por los jesuitas. Los mercedarios ocuparon el convento y la iglesia hasta muy entrado el siglo XIX. Para 1837, existía un solo conventual muy anciano —el padre Camacho— y así se extinguió la comunidad. La Merced —como ya se la llamaba— y su convento pasaron a depender de la Curia, quedando a cargo de clérigos seculares hasta la llegada de los jesuitas, en 1862. La inauguración del nuevo colegio tuvo lugar el 9 de noviembre de ese

En este estado se hallaban las cosas cuando un buen día del año 1858 llegaron a Santa Fe dos jóvenes extranjeros, que se decían suizos del cantón de Friburgo. En ese carácter se presentaron al canónigo encargado de administrar los edificios de la Merced y pidieron hablar con él sobre un asunto privado. Su Reverencia accedió y los extranjeros le revelaron lo siguiente: En tiempos de la dispersión de los jesuitas, el padre superior del Convento de la Merced se había refugiado en Suiza, anciano y enfermo. Pidió asilo en una casa de campo a una persona que no era otra que el abuelo de los dos viajeros. El superior murió poco después, muy pobre, sin dejar otra cosa que libros de devoción y algunos viejos papelotes que quedaron depositados en el granero de la casa, dentro de un cofre. El abuelo murió a su hora y los papeles continuaron entre el polvo durante más de medio siglo. Por una casualidad los jóvenes los descubren un día y los leen, creyendo que se trataba de papeles de familia, pero encuentran... un testimonio del padre superior relativo a los tesoros de la Merced en Santa Fe, testimonio que indica los medios de reconocer por una serie de signos misteriosos los escondrijos en que se hallan depositados el oro, las joyas, la plata, inventariados en el mismo documento.

—Ahora —agregan los extranjeros— queremos saber si consiente Su Reverencia en que comencemos la búsqueda, a condición de partir por mitades lo que

---

año. Volvían los jesuitas, casi un siglo después de su expulsión. La orden había estado suprimida, por breve papal, desde 1773 hasta 1814. *(N. del T.)*

se descubra. Entretanto, y mientras se nos da la respuesta, pedimos únicamente como un favor que se nos deje solos por media hora en la sacristía.

El canónigo reflexiona unos instantes y acaba por acceder, indicándoles la hora en que la sacristía queda libre después de los oficios religiosos.

En seguida hace llamar al clérigo joven que habita en la Merced.

—Don Pablo —le dice—, esta noche entrarán dos extranjeros en la sacristía. Escóndase usted en el armario viejo, el que tiene una hendija en la puerta. De allí podrá usted ver lo que pasa y me dará cuenta después.

Cercana la hora convenida, don Pablo se encierra en el armario. Llegan los dos extranjeros, hablan en francés. Don Pablo, que no comprende el idioma, sólo advierte los gestos y ademanes expresivos y misteriosos. Junto a la puerta sacan del bolsillo un papel y lo examinan; avanzan contando los pasos y se detienen frente a una pared, a muy corta distancia de don Pablo, que ve todo lo que pasa desde su escondrijo. Uno de los extranjeros tiene en la mano un pequeño martillo, el otro un vaso con un puñado de yeso disuelto en agua. El primero golpea suavemente la pared: caen algunas laminillas del revoque; queda al descubierto una ligera depresión del muro y aparece dibujada una cruz negra; en los brazos de la cruz varios círculos dispuestos diversamente. Consultan de nuevo el papel, recubren cuidadosamente el signo misterioso con el yeso preparado en el vaso; luego van en derechura al viejo altar de la misma sacristía y repiten la operación. Aparece una nueva cruz idéntica a la primera. Viva satisfacción se pinta en el rostro de los dos jóvenes, hablan animadamente y salen de la sacristía. Don Pablo sale a la vez de su armario y va a dar cuenta al canónigo de sus observaciones.

Al día siguiente, los viajeros se presentan en casa del canónigo.

—Estamos ciertos —dicen— de que nuestros datos son exactos y venimos a renovarle la propuesta.

—No la acepto —replica el sacerdote, que ya había tomado su decisión.

—¿Y si le dedicamos a usted las dos terceras partes en lugar de la mitad?

—Tampoco las aceptaría.

Los extranjeros dialogan en francés.

—¿Y las tres cuartas partes, las rechaza usted también?

—También.

Los visitantes se retiran vivamente contrariados y a poco desaparecen de Santa Fe.

Partidos los viajeros, el canónigo hace comparecer a don Pablo.

—Ahora que tiene usted una parte del secreto —le dice—, se trata de descubrir lo demás. Usted vive solo en la Merced, son pocos sus quehaceres, ocúpese en buscar los signos misteriosos, que al fin los encontrará, y no tendremos que compartir nada con los extraños.

Don Pablo pone manos a la obra. Se arma de un pequeño martillo. Interroga las paredes a golpecitos, en las celdas, en las crujías, en los claustros desiertos. Si una losa suena a hueco bajo sus pasos, la levanta para indagar con empeño el secreto que oculta. De esta manera logra descubrir más de cincuenta señales:

descubre pedazos de madera en diversas posiciones con cifras enigmáticas, cruces parecidas a las de la sacristía, con los mismos círculos, pero dispuestos en forma distinta. La señal más importante es un trozo de pergamino en blanco, hallado dentro de una olla, bajo una baldosa, junto al altar mayor.

Don Pablo cuenta todo esto a un amigo. El amigo lo interrumpe:

—¡Y bien! ¿Y el pergamino? ¿Qué ha hecho usted del pergamino?

—¿El pergamino?... fue a la basura. Estaba en blanco.

—Estaba escrito con tinta simpática... Debió usted acercarlo al fuego o empaparlo en vinagre...

—¡Caramba! Quién hubiera dicho... Ya no hay nada que hacerle. Además ya estoy aburrido de buscar señales y no me ocuparé más de estas cosas.

La indolencia criolla se impuso una vez más. El canónigo, rico, indiferente, pensó más en su comodidad inmediata que en los tesoros de la Merced. Don Pablo celebró que lo dejaran tranquilo.

Así las cosas, el pozo del gran patio conventual, afamado por sus aguas excelentes que no habían disminuido nunca de nivel, amenaza con quedarse en seco. Presúmese que se trata de un obstáculo subterráneo y un albañil desciende al interior del pozo. Al volver a la superficie le dice a don Pablo:

—¿Sabía usted, padre, que hay una ventanita enrejada en una de las paredes interiores del pozo? ¿Tiene sótanos la Merced?

—Que yo sepa... —responde flemáticamente don Pablo.

—Había que ver eso; ensanchar la abertura, entrar; sin duda estaba allí la clave de todos los signos y el camino del tesoro —le decía después un amigo a don Pablo, cuando éste le contaba lo ocurrido.

—Yo, darme ese trabajo, ¡no!... Al diablo con los tesoros...

Dos años pasan. Un día llegan a Santa Fe dos eclesiásticos extranjeros, diciéndose clérigos seculares. Se interesan por conocer las iglesias. Entran en la Merced en momentos en que don Pablo se halla tras el órgano del coro y pasa inadvertido. Piden un vaso de agua al sacristán. Cuando el sacristán sale, los clérigos, que se creen solos, despliegan un plano y lo consultan. Escudriñan con la mirada diversos lugares de la iglesia. Luego van directamente a una puertecita oculta entre el maderamen del altar mayor, tan escondida que hay que conocerla de antemano para dar con ella. Abren la puerta y desaparecen por unos instantes en un estrecho pasillo subterráneo que desde allí conduce a la sacristía. Poco después reaparecen en la iglesia.

Algunos meses más tarde, los reverendos padres jesuitas, que setenta y cinco años antes habían desaparecido de Santa Fe, gestionaban activamente ante el gobierno de la provincia la devolución del antiguo convento para instalar una escuela de latinidad.

Han vuelto a la Merced, en el mes de mayo de 1862.

El arca de Noé

Hay muchas especies de animales en la provincia de Santa Fe. Los caballos salvajes ambulan en grandes manadas hacia el lado norte de la provincia y aumenta su número a medida que se avanza en el desierto.

El avestruz gris o *ñandú* vive en el Chaco y los indios trafican con sus plumas y huevos. Ciervos, venados y gamas recorren las vastas llanuras. Estas gamas poseen una gracia única y sus miradas tienen algo de humano a fuerza de expresión y dulzura.

Los huéspedes más comunes de estos lugares desiertos son el *aguarazú*, especie de lobo amarillo con crines negras, el puma o león de América, mudo y sin melena, la vizcacha, la mulita y una especie de zorro (el zorrino), que se defiende del tigre lanzándole a los ojos un líquido acre y corrosivo. El tigre manchado (jaguar), a menudo de gran tamaño, vive en las selvas y sobre todo en las islas boscosas del río. En verano, cuando los deshielos de la cordillera provocan las crecidas del Paraná, los jaguares, viendo inundadas sus guaridas, van de una isla a otra y terminan por acercarse a la ciudad. En 1858 hubo una creciente extraordinaria y los tigres y ciervos entraban en Santa Fe. A unos diez minutos de camino de nuestra casa mataron un tigre, a eso de las nueve de la noche. El animal, perseguido por las aguas, atravesó a nado un brazo muy estrecho del Paraná, que separa la costa de Santa Fe de la isla Coronda. Ante el aspecto de las casas y el obstáculo de los cercos, el animal bramaba de terror. Fue así como acudió gente a los gritos y en poco tiempo lo mataron a lanzadas.

En las aguas del río andan los yacarés, las tortugas, las nutrias, los lobitos de mar. Se ven también víboras, aunque no en abundancia. Las hay de gran tamaño, de color amarillo naranja, ornadas de hermosos dibujos oscuros, tornasolados. Pero son las menos peligrosas; las más de temer son las pequeñas: la víbora de la cruz, cuya mordedura es mortal y mata en pocas horas; también una viborita oscura que se esconde bajo tierra. Hay moscas venenosas, cuya picadura, cuando no es mortal, produce llagas que traen la gangrena. Éstos son los enemigos más temibles. Sin embargo, en Europa exageramos la frecuencia del peligro que en realidad puede atenuarse mucho con un poco de prudencia y precaución. En las habitaciones suele encontrarse, aunque rara vez, el escorpión y muy comúnmente cucarachas, arañas y otros huéspedes más o menos desagradables.

En los jardines vuelan los deliciosos colibríes, de un verde esmeralda con reflejos dorados, o bien negros con manchas de color rubí. Pasan zumbando de un lado a otro para chupar el néctar de las flores, que es su alimento. Por eso en el país los llaman *picaflores*. Tienen por rivales a las abejas, que son silvestres y fabrican una miel perfumada y exquisita. La depositan en celdillas que parecen hechas de papel gris.

Los guanacos, especies de vicuñas, pacen en los campos entre Córdoba y Santa Fe. Son tan veloces y resistentes que cansan al mejor caballo. Los indios los atrapan con el lazo y las boleadoras. Un día trajeron uno de estos guanacos a nuestro patio. El animal no parecía intimidado, dejábase acariciar por los niños y nos miraba tranquilamente con sus grandes ojos negros y apacibles. Su lana, de un gris lila, espesa y sedosa, se presta para hacer magníficos tejidos y las chinas los tejen excelentes.

Unos cazadores indios nos trajeron también, una tarde, dos tigrecitos, después de haber dado muerte a la tigra madre. Los pobres animalitos, todavía de teta, no tomaban más que leche. Eran del tamaño de un gato grande, la cabeza mostraba ya cierta ferocidad, el pelaje dibujado admirablemente era de un tono más gris que el del jaguar grande, los dientes agudos como alfileres, la lengua muy áspera, las garras ya visibles. Eran dos verdaderos tigres en pequeño, muy bien formados. Cuando después de examinarlos bien los puse en el suelo, dejaron oír un rugido sordo y pronunciado.

Nuestra casa se ha convertido en un *espécimen* del célebre navío destinado a salvar los animales del diluvio universal. El patriarca Noé debió de hacer algunas experiencias semejantes a las nuestras.

Las gentes obsequian a nuestros niños con toda clase de bípedos y cuadrúpedos. En el primer patio hemos tenido sucesivamente tres gamas, una de ellas notable por su inteligencia; nos la ofrecieron con un cachorro de tigre, pero sólo aceptamos la gamita. Era una verdadera encarnación de la poesía del desierto, este animal delicioso que nos recordaba a la gacela de negros ojos tiernos, ofrecida por el moro Hassan a doña Blanca, en *El último Abencerraje*. En poco tiempo se ha familiarizado con todos nosotros y nos demuestra tanto cariño como pudiera hacerlo el perro más inteligente. Un trenzado de cuero muy largo, sujeto al collar, le permite pasearse por el patio.

Todas las mañanas, muy temprano, oigo resonar sus pasitos sobre las baldosas; viene a empujar la puerta de mi cuarto para darme los buenos días. Abro la puerta, entra, se mira en el espejo del armario, toma de sobre la mesa unas cáscaras de naranja que le gustan mucho y termina por echarse a nuestros pies, mientras leemos o trabajamos. Nada más gracioso que sus juegos con los pequeños, por quienes demuestra gran afección. Pocos días le han bastado para familiarizarse con los dos perros guardianes de la casa. En las noches muy frías los perros buscan abrigo en la casucha de la gama, y ella no siente ningún temor. Por la mañana puede verse a los tres, asomados a la puerta, en la mejor amistad.

Por lo general, en este país, los animales en estado primitivo parecen no sentir la aversión de una especie contra otra, como en Europa. He observado estos ejemplos: Una gallina empolla en la cocina, dentro de una especie de nicho construido cerca del fogón. Una pata ha encontrado muy bueno aquel retiro y se instala cerca de la gallina con el mismo propósito. Apenas salidos del huevo, pollos y patos, la gata de la casa sienta también sus reales en el mismo sitio para dar a luz, muy cerca de las otras dos madres. Pronto amamanta dos pequeñuelos. He ahí que un cachorrito muy nuevo que nos han regalado, y que difícilmente puede alimentarse solo, se acerca instintivamente a la yacija de la gata. Ésta lo acoge y le da de mamar con los gatitos. Pero todavía llega un nuevo pensionista: es una cotorrita verde que pasa el tiempo en compañía de la gata, de los mininos y del cachorro. Este falansterio de bípedos y cuadrúpedos no puede ser más divertido y dura varias semanas sin que se produzca ninguna disputa. Parece realizar la utopía de algunos célebres economistas de la época actual, y si se desorganiza es sólo por efecto del tiempo que hace crecer las alas de los patos, desarrolla las piernas de los polluelos, inspira a los gatos y al perrito deseos de piruetear y a la cotorra ideas de independencia.

Mi caballo, aunque hijo del desierto, es muy aficionado a las lechugas y, como le está prohibido pasar a la huerta, aprovecha el momento en que ponen la ensalada sobre la mesa para entrar en el comedor y regalarse con el fruto vedado.

Nos han obsequiado también un pichón de avestruz, no más alto que una gallina. En pocos meses alcanza una altura de siete a ocho pies. Es el fantasma de la cocinera, porque lo traga todo, hasta las cosas que se ponen sobre muebles y aparadores. Las frutas, el pan, la manteca, la carne, de todo da buena cuenta, ¡hasta se ha engullido el mango de un cuchillo con un resto de la hoja! Una mulita y varias nutrias del río Salado tienen su alojamiento, la primera en un cajón, las otras en una barrica. Tres tortugas se pasean cachazudamente por los patios, entran en las piezas y allí permanecen inmóviles en un rincón, a veces más de una semana. Un hermoso papagayo del Paraguay, color verde esmeralda, cabeza azul y alas bermejas inspecciona gravemente todo lo que pasa. Habla español a maravilla y empieza a ensayarse en francés. Trepa sobre las sillas y se instala sobre los respaldos. En el tercer patio tenemos algunos carpinchos que viven entre gallinas, pavos, patos, gallinetas de la isla y pintadas. Dos pavos reales, que en este país son de singular belleza, se pasean con orgullo entre sus compañeros.

En nuestra vecindad hay algunas personas que crían pájaros raros o curiosos: el *tucán* azul violeta con un enorme pico de color naranja; el cardenal gris de cabecita roja; el *casero*[1], especie de pinzón al que enseñan diversos cantos; papagayos de variados colores y loritas verdes; preciosas palomas del tamaño de una curruca, llamadas graciosamente *palomitas de la virgen*; búhos que andan en libertad para cazar cucarachas, arañas y otros bichos perjudiciales. En algunas casas, muy pocas, he visto aves del paraíso, pájaros-liras y otros ejemplares raros de la misma especie, también monitos que traen de Corrientes y el Paraguay, pero a éstos se les teme porque son muy dañinos.

En las selvas del norte, aparte de los animales ya mencionados, habita una especie de onagro o zebra rayada muy salvaje, difícil de cazar, porque huye siempre a las espesuras de los bosques. Los indios la llaman *la gran bestia*. Así nos lo cuenta uno de los misioneros franciscanos del Chaco.

[1] ¿Boyero? *(N. del T.)*

Guerras y guerrillas

La guerra que ha conmovido siempre a estos vastos territorios de la Confederación Argentina, siendo motivo de comentarios para la prensa de Europa y para los europeos que la leen, no es la guerra en el sentido que nosotros la entendemos. Durante mucho tiempo ha consistido en una serie de depredaciones a mano armada puestas al servicio de intereses personales y no al servicio de la patria. Un quídam, diciéndose coronel o general, se erigía en caudillo, reunía las milicias de una provincia y se lanzaba en son de guerra contra otra provincia. Eran siempre fuerzas de caballería, reforzadas con vagabundos y fugitivos a salto de mata, que nada tenían que perder y sí mucho que ganar con la conquista del botín. Atacaban al gobierno de una provincia o al comando de una ciudad, que declaraban enemigos, sin que se supiera claramente por qué. Cundía entonces la revolución y, al abrigo de los trastornos que resultaban, se hacía desaparecer de la escena a determinadas personas. Cuando la devastación había terminado en el territorio, cuando los ganados de las estancias habían sido arreados o consumidos y las familias se retiraban abandonando sus propiedades al pillaje, los caudillos se alejaban, a su vez, para continuar en otra parte las mismas incursiones. Esta situación duró hasta que un hombre de firme carácter, y cuya posición política le permitía hacer efectiva su autoridad, se lanzó por sí mismo a la guerra para restablecer el orden en el país. El general Estanislao López, uno de los fundadores de la Federación, a quien llaman en estas comarcas "el gran general López", reprimió con mano enérgica y constante las devastaciones de las guerrillas. El general López era un carácter de temple antiguo, sumamente bravo, de acendrada probidad, y había obtenido, por la sola práctica de esas severas virtudes, un gran ascendiente sobre sus conciudadanos. Don Domingo Cullen, su cuñado, gobernaba con él la provincia de Santa Fe en carácter de ministro y lo secundaba admirablemente, porque poseía sus mismas cualidades nobles.

Rosas, celoso de esa superioridad y temeroso de los prestigios ganados por una vida política sin tacha, sentía que en vida de López no podría entregarse a sus caprichos sanguinarios porque el gobernador de Santa Fe contaba con un ejército poderoso. De ahí que resolviera deshacerse de aquel hombre de bien. López había sentido decaer su salud como consecuencia de sus numerosas campañas y así lo comunicó a Rosas. Éste le envió como respuesta una guardia de honor invitándolo a trasladarse a Buenos Aires para someterse a los cuidados de algunos médicos europeos. López aceptó la invitación y se puso en viaje para Buenos Aires con su familia. Fue acogido a su llegada con las más entusiastas demostraciones públicas. La ciudad se engalanó con banderas y flores como en los días patrios, se echaron a vuelo las campanas, la artillería hizo salvas de honor. El general y su familia fueron alojados en el palacio de gobierno, que había sido arreglado con muebles suntuosos y ricos tapices por orden de Rosas. Éste recibió al general con un abrazo efusivo y lo colmó de atenciones. Al día siguiente se presentaron al general dos médicos extranjeros. Pasado algún tiempo, López se sintió decaer. Adelgazaba cada vez más. Por fin se decidió a partir, porque quería —según lo expresó— morir en Santa Fe. Rosas se fingió desolado, pero no hizo nada por retenerlo. ¡Había conseguido su objeto! López, una vez en Santa Fe, esperó la muerte con serenidad. Tomó sus últimas disposiciones y murió apaciblemente "sonriendo con ternura a los que lo rodeaban", nos decía su sobrina a quien debemos estos detalles.

El día en que llegó a Buenos Aires la noticia de su muerte, se supo que uno de los médicos que lo asistieron había sido detenido por orden de Rosas y fusilado al día siguiente sin forma de proceso. Todo esto inspiró las más crueles dudas a los hijos y a los amigos del general López. Doña Pepa, su digna compañera, fue la única que nunca las compartió. Rechazaba la idea de tal crimen como una monstruosidad imposible. Sin embargo, es creencia general en el país que el gran general López fue envenenado por Rosas[1].

---

[1] La autora rinde tributo al ambiente de exaltación antirrosista que siguió a la batalla de Caseros. No hubo tal envenenamiento de López, por Rosas ni por nadie. La enfermedad de López está perfectamente documentada en todo su proceso, aunque es verdad que esa especie corrió, desde que se supo la muerte del caudillo santafecino en momen-

La muerte de López fue como el anuncio de todas las calamidades. Los indios, que él había mantenido a raya, recomenzaron sus depredaciones. Don Domingo Cullen, que tanto trabajara con López por el progreso de su provincia, constituía para Rosas el último obstáculo a sus proyectos de proscripciones tiránicas. De ahí que provocara intrigas y disturbios políticos en Santa Fe, contra Cullen. Éste se exilió voluntariamente en la provincia de Santiago del Estero, gobernada por Ibarra, hombre de carácter duro y cruel. Rosas ordenó a Ibarra que le remitiera a Cullen cargado de grillos y con numerosa escolta. Ibarra, no obstante su maldad natural, vaciló; Cullen era su huésped y no su prisionero, pero Rosas insistió. Ibarra se resistió todavía a entregar a su huésped, pero durante una corta ausencia del gobernador, uno de sus tenientes remitió a Cullen a Buenos Aires[1]. Cullen fue acompañado por uno de sus hijos, de edad de siete u ocho años. La escolta atravesó rápidamente la provincia de Santa Fe por los llanos desiertos. En la

---

tos en que se disponía a retirar al dictador porteño la facultad de dirigir las relaciones exteriores de la Confederación. Dio pábulo también a esa versión el hecho de que Rosas ocultara oficialmente la muerte de López durante muchos días, cuando todo Buenos Aires conocía el hecho, acaso porque la ocultación convenía momentáneamente a sus cálculos políticos. Hasta los agentes extranjeros recogieron el cuento del veneno para comunicarlo a sus gobiernos. Pueden verse mis monografías, *El bloqueo francés de 1838 y la misión Cullen* (Boletín del Instituto de Investigaciones Históricas, Buenos Aires, 1934) y *Nuevas comprobaciones sobre la misión Cullen* (revista *Humanidades*, La Plata, 1935). *(N. del T.)*

[1] Informaron mal a la autora. Fue Ibarra quien entregó a Cullen. *(N. del T.)*

frontera de Buenos Aires encontraron a un chasque portador de una orden de Rosas. El prisionero debía ser fusilado en el lugar donde el jefe de la escolta se informara del despacho. Cullen escuchó su sentencia con mucha serenidad. A pocos pasos de él se encontraba un rancho abandonado. El jefe de la partida ordena entonces al prisionero que se ponga de espaldas a una de las paredes; un soldado se le aproxima para vendarle los ojos con un trapo. Cullen lo rechaza y le presenta un pañuelo que saca de su bolsillo; es un pañuelo de batista bordada, la primera obra de manos de su hija predilecta, Jerónima, entonces de nueve o diez años y hoy la señora de Gutiérrez. Cullen quiere que le venden los ojos con ese recuerdo de las alegrías paternas y de la felicidad del hogar doméstico. Un momento después su noble existencia ha terminado. Tenía apenas cuarenta y cinco años.

* * *

En estos últimos años el ejército de Buenos Aires ha adquirido una apariencia muy europea, gracias a los empeños del general Mitre. Las tropas están bien equipadas y disciplinadas, ejecutan con más habilidad las maniobras y tienen a su frente oficiales instruidos. Pero los soldados de las provincias ofrecen todavía una extraña apariencia que no puede ser grata para el europeo. He aquí un ejemplo: Un joven suboficial de cazadores de Vincennes, en goce de licencia por seis meses, se encontraba en casa de unos parientes que residían en la Confederación Argentina y fue presentado al general…, gobernador de una de las provincias. El joven suboficial vestía su uniforme con la elegancia y la gracia que caracteriza a nuestros soldados franceses. El general se sintió encantado al verlo.

—Quédese conmigo —le dijo—, lo haré teniente coronel de mi Estado Mayor, con ciento cincuenta pesos de sueldo por mes.

El cazador de Vincennes respondió sin vacilaciones y con una franqueza muy militar:

—Gracias, general, estimo mucho su ofrecimiento, pero no puedo aceptarlo; prefiero ser sargento en mi país que teniente coronel en el país de usted.

* * *

Durante las últimas guerras entre Buenos Aires y la Confederación (noviembre 1861), se vivieron en la campaña de Santa Fe y de la ciudad misma algunas semanas de angustiosa incertidumbre. Después de la batalla de Pavón, el general Urquiza cruzó el Paraná con su Estado Mayor dejando cerca de diez mil hombres de tropa sin comando y sin generales; con la caballería de Entre Ríos, formada por guardias nacionales en su mayor parte y aumentada por voluntarios y vagabundos. Sin jefes, sin víveres, sin dirección alguna, con el ejército del general Mitre que los cerraba de muy cerca, esos desgraciados se dividieron en pequeñas partidas bajo las órdenes de algunos oficiales de graduación inferior. Medio muertos de hambre y de sed, pillaban en las estancias del camino, comían el ganado y se llevaban lo que no podían consumir. Algunas de esas bandas se extraviaron por las pampas lindantes con el

Chaco y allí perecieron de sed o inanición. Otras pequeñas partidas llegaron a San Carlos, una dilatada colonia agrícola, fundada y habitada por europeos, al sudoeste de Santa Fe. Los colonos patrullaban activamente desde el comienzo de la guerra. Todos eran buenos tiradores de carabina y esa fama infundía respeto. La administración de la colonia no permitió ningún estacionamiento de tropas sobre las tierras cultivadas, pero los colonos, apiadándose de esos desgraciados, les señalaban los mejores sitios para vivaquear, fuera de los límites asignados a la colonia. Allí facilitaban provisiones y agua para los soldados y los caballos. Las tropas en grupos de doscientos, trescientos y hasta cuatrocientos hombres llegaban a Santa Fe para cruzar el Paraná y restituirse a su provincia, Entre Ríos. En Santa Fe, con excepción de los miembros de la Municipalidad y algunos artesanos indispensables, no habían quedado más que mujeres, ancianos y niños. Las milicias habían sido enviadas a Rosario donde estuvieron esperando en vano las órdenes del general Urquiza, que ya no impartía ninguna orden. La ciudad quedó a la merced de las tropas en retirada.

Solos, sin más que los niños y los sirvientes en nuestra casa, organizamos algunas medidas de defensa. Diariamente examinamos con todo cuidado los fusiles y las pistolas, cargándolos y descargándolos para volverlos a cargar cuando nos parece necesario. Hacia la calle estamos protegidos por las sólidas rejas de las ventanas. Pero la puerta de entrada principal se halla carcomida y hacemos arrastrar nuestro coche hasta colocarlo atravesado contra la puerta, en el zaguán, formando una especie de barricada. Entre las ruedas se colocan algunas barricas de tierra como complemento de esa muralla improvisada desde donde puede hacerse fuego contra cualquier atacante.

Al ver nuestros preparativos de defensa, vienen a casa las familias de la vecindad pidiéndonos amparo en caso de un asalto. Colocamos unas escaleras contra las paredes que dividen los patios para mudarnos a otro lado, a la primera señal de alarma. Nos preocupa la responsabilidad de guardar y defender tantas personas en nuestra casa, pero ante el pedido insistente de los vecinos no podemos negarnos a concederles un refugio. Tres semanas dura esa situación. En el horno de la casa se cuece doble ración de pan en previsión de que puedan bloquearnos impidiendo la salida, o de que lleguen nuevos huéspedes inesperados. Mientras nosotros fundimos balas en la cocina y fabricamos buena cantidad de cartuchos, las amigas criollas pasan el tiempo cosiendo entre sus vestidos las perlas y los brillantes o escondiendo el oro en los dobleces de los bolsillos y enterrando las vajillas de plata. Por la noche, al menor ruido sospechoso, al primer ladrido de los perros, ya estamos en pie para tomar las armas y recorrer los cuatro patios de la casa. Este estado de cosas se prolonga cerca de un mes. Durante ese tiempo, la retirada del ejército de Urquiza se lleva a cabo paulatinamente.

Las tropas llegaron a Santa Fe en el más miserable estado. El hambre mostrábase en los rostros de los soldados y estaban tan débiles que su andar no era muy seguro y marchaban apoyándose contra las paredes. Llamaban a las puertas de las casas y había quienes ofrecían sus sombreros de Panamá y otras prendas de vestir a cambio de un pedazo de pan. Siempre ayudábamos a estos desgraciados que solían agradecernos con maneras corteses y correcto lenguaje, denotando ser gente de buena educación y de familias distinguidas, como lo son muchos soldados de la milicia. No fueron pocos los que vendieron sus caballos, tan extenuados como ellos, pero de buena estampa, por un peso que les permitiera pagar el pasaje en los vapores que corren desde Santa Fe hasta la ciudad de Paraná, capital de Entre Ríos.

Entretanto, el ejército del general Mitre avanzaba por cortas jornadas y en buen orden, sin que fuera permitido el pillaje ni la devastación. La más severa disciplina regía en esas tropas, bien equipadas, bien provistas y bien comandadas. La caballería, a las órdenes del general Flores, acampó en las islas del Paraná, que tienen los mejores pastos. Verdaderos villorrios de carpas se instalaron en las inmediaciones de Santa Fe. Los soldados hacían muchas compras pagando lo que consumían. De esta manera volvió a circular el dinero y se dejó sentir el bienestar, la seguridad, la actividad comercial. En este país, cercano a los antípodas, y donde todo pasa al revés de lo que podría lógicamente esperarse, se dio el caso de que los enemigos aportaron el orden, la seguridad y el dinero, mientras los amigos habían pillado y arramblado con lo que podían.

En noviembre de 1861 llega a Santa Fe el general Mitre y reside por algún tiempo en la ciudad. Dan una gran fiesta en su honor. Con este motivo manifiesta sus deseos de ser presentado a algunas señoras. Yo me cuento entre ellas. El general Mitre está en todo el vigor de su edad. Es de elevada estatura, de continente grave y noble, muy distinguido en sus modales. Los rasgos de su fisonomía son regulares y los ojos muy expresivos. Su semblante denota reflexión e inteligencia; parece llevar con seriedad muy digna la responsabilidad de su alta posición social. Una profunda cicatriz, producida por una bala que lo alcanzó en Cepeda[1], sirve de complemento a ese aire marcial que tan bien sienta a un general en jefe. Habla con pureza y elegancia el francés, que aprendió, según nos dice, de muy joven en Montevideo donde tuvo ocasión de tratar íntimamente a varias familias francesas. Se expresa en español como en nuestro idioma, con una sobriedad de palabras y una delicadeza de matices que denotan al hombre habituado a dominar los impulsos del pensamiento y a decir únicamente lo que quiere decir. Cuentan que su instrucción es muy vasta y adquirida toda por sí mismo. Ha dado pruebas de una gran valentía que lo lleva a exponer su vida como un simple soldado, siempre en el puesto de peligro.

El general Mitre, una vez llegado a Santa Fe, nombra las autoridades escogiéndolas entre las personas más honorables. Gracias a sus sabias disposiciones, la seguridad renace por completo.

Con esto descargamos nuestros fusiles y hacemos a un lado todo el aparato de guerra y guerrilla.

---

[1] No fue en Cepeda sino en el sitio de Buenos Aires (1852). *(N. del T.)*

Los indios del Chaco y las misiones franciscanas

Anuncian una revista general de tropas de la provincia de Santa Fe, entre cuyos cuerpos de caballería figuran los indios auxiliares. La revista se lleva a cabo frente a nuestra casa. De esta manera podemos ver de muy cerca a estos hijos del desierto que ofrecen, reunidos en tropas numerosas, un aspecto terrible. Nos representamos así a las hordas bárbaras que invadieron Europa en los primeros siglos de la era cristiana. Los caballos son flacos y de mezquina apariencia pero singularmente ágiles, fogosos y obedientes, debido, según dicen los gauchos, a una especie de embrujo especial que solamente el indio conoce y oculta escrupulosamente. Van los caballos cubiertos con caronas de lana, tejidas por las chinas, y algunos con toda la piel de un avestruz cuyas plumas flotan sobre las ancas, a manera de extraños penachos. De la cincha, que sostiene todo el aparejo, cuelga el lazo. Únicamente los jefes llevan *recados* a la usanza del país con freno y riendas guarnecidos de plata. Todos usan la manta o poncho común entre los gauchos y el chiripá, que sirve como pantalón ancho y holgado. Estriban con el pie descalzo cuando tienen estribos, que no todos los llevan, y se atan la cabeza con una vincha para sostener los cabellos, largos y cerdosos. Algunos se cubren con cascos de cuero de tigre y a veces ostentan como adorno la cabeza del tigre con la mandíbula vuelta hacia arriba, por encima de la frente, y las orejas abiertas a los costados. Otros llevan cascos de forma antigua, recubiertos de pelo de *aguará* —especie de lobo amarillo de crin negra— con los mechones hirsutos coronando el extraño tocado.

El cacique Gregorio se cubre la cabeza de muy distinta manera. Luce con orgullo un viejo sombrero de copa, que parece protestar, cómicamente, a pesar de su estado imposible, contra el resto del indumento. Las boleadoras y una larga lanza completan el equipo del cacique.

Poco tiempo después de esta revista vimos entrar en la ciudad a un cacique pampa, acompañado de su séquito. Llaman *pampas* a los indios del sur de Buenos Aires, los más temibles de todos. Son más numerosos, más inteligentes y hábiles que los mocovíes de Santa Fe. Por lo demás, la apariencia es la misma, si no fuera el gesto más salvaje todavía y las lanzas mucho más largas. Este cacique había venido a Santa Fe para que se le permitiera pasar a Entre Ríos donde, según él, debía cumplir algunas diligencias. Me hacen notar que un arribo semejante había sido precursor, durante varios años, de invasiones a la provincia de Buenos Aires por los indios pampas.

Los indios mocovíes, que habitan el Chaco, han disminuido mucho en número y son enteramente nómades. Los diversos gobiernos de Santa Fe han logrado atraer algunos caciques a lo que llaman *reducciones*. Es la instalación permanente de cierto número de familias en determinado lugar. Las familias así establecidas cultivan algo la tierra y en varias localidades se dedican a la crianza de ovejas, cuya lana venden. La caza de caballos salvajes, la venta de pieles de nutria, de venado, de tigre, también constituyen un recurso para esas tribus. Se los llama indios *mansos*, por oposición a los indios *bravos*. La más avanzada de estas reducciones, hacia el lado norte de la provincia, ha sido establecida por el padre Constancio Ferrero de Cavour —misionero franciscano— en lo que subsistía de la antigua ciudad de San Javier, abandonada por los criollos después de la caída de los virreyes.

Cuando el padre Constancio llegó por primera vez a San Javier, se sorprendió al encontrar en pleno desierto una ciudad todavía en pie pero enteramente abandonada. A un lado de la plaza se levantaba la iglesia, cuyos techos ruinosos dejaban penetrar el sol, la lluvia y el viento. Colocadas encima del altar mayor, todavía firme, podían verse las estatuas de los santos, que los indios habían envuelto en sendos cueros de bagual y parecían momias egipcias. Una campana, hendida al caer de la torre, yacía por el suelo. La plaza estaba plantada de naranjos dispuestos simétricamente en avenidas, las calles bien trazadas, muchas casas todavía en buen estado. Los restos de los tapiales, los árboles soberbios de antiguos jardines, las rejas de las ventanas se conservaban como testimonio de un pasado esplendor. En muchas casas faltaban puertas y postigos porque los indios los habían arrancado al pasar, para hacer fuego. Tal era el aspecto, fantástico, casi medroso, de aquel pueblo grande[1] en absoluta soledad.

En 1814, San Javier, todavía poblado y con buen puerto sobre un brazo del Paraná, comerciaba con los productos de su suelo y sus ganados. Esta ciudad fue fundada por los jesuitas en 1747. Veinte leguas más al norte tenían los jesuitas otro establecimiento, el de los Abipones del Rey, y poseían cerca de San Javier una estancia con veinticuatro mil vacas. Eran dueños de otras estancias más y se calculaba en ochenta mil cabezas el ganado que poseían en esta región del país.

Los virreyes de España mantuvieron algunas fuerzas militares en San Javier que se imponían a los indios, entonces mucho más numerosos que hoy, pero la República Argentina, diezmada por las interminables guerras civiles, no pudo después atender a los gastos de esas defensas. Entonces los indios se aprovecharon de tal situación para llevar terribles asaltos a San Javier cautivando mujeres y niños, y los pobladores, amedrentados con tales sucesos, dejaron la ciudad y se establecieron en Santa Fe, abandonando de este modo cuarenta leguas de tierra, estancias, cultivos, puertos de primer orden, un suelo de prodigiosa fertilidad y bosques de excelentes maderas. Ya volveremos sobre San Javier. Ahora, para dar una exacta noción acerca de los indios, dejamos la palabra al mismo padre Constancio, quien ha tenido a bien escribir para nosotros la siguiente noticia, que traducimos del español:

"Los indios mocovíes ocupan un territorio cuya extensión puede calcularse en doscientas leguas. Li-

---

[1] *Grande ville...* dice el original. *(N. del T.)*

mita por el norte con los indios tobas, mortales enemigos de los mocovíes. Al este el río Paraná, al sur las provincias de Santa Fe y Córdoba, al oeste la provincia de Santiago del Estero. El suelo que habitan es notable por su fertilidad y la variedad de sus productos. Hay en él bosques admirables y vastas praderas entrecortadas por arroyos y lagunas. Los tobas, cuyo territorio se extiende desde el río Bermejo hasta el centro del Chaco, viven en continua guerra con los mocovíes. Cuando se encuentran luchan encarnizadamente y tratan de arrebatarse unos a otros las caballadas".

"Los tobas emplean como armas las flechas envenenadas; también las usan los mocovíes pero solamente en las guerras contra los tobas. En otras correrías y asaltos usan de preferencia, y como armas comunes, la lanza y las boleadoras".

"Los mocovíes odian de muerte a los abipones. Estos indios constituyen los restos de la tribu más valiente que hubo en el Chaco. Fue reducida en el año 1750, en San Gerónimo del Rey, sobre la costa del Paraná y el general Estanislao López trasladó la reducción al Sauce, en 1825".

"Los mocovíes mantienen pocas relaciones con los otros indios sometidos de Calchines, Cayastá y San Javier, pero no los hostilizan porque son gentes de su misma tribu. Puede observarse que los tobas son mucho más intrépidos y mejores guerreros que sus enemigos los mocovíes. Éstos, como la generalidad de los indios, tiemblan a la vista de las armas de fuego[1].

---

[1] Las temen a tal extremo que recelan de todo lo que por su forma puede recordarles un arma de fuego. He aquí un ejemplo: En 1862, vi-

"Cuando entran en combate, y a vista del enemigo, lanzan unos alaridos roncos terribles y, para hacerse oír mejor, se golpean al mismo tiempo la boca con la mano. Suspenden, atados a las crines de sus caballos, huesos de animales en forma caprichosa, de modo que también el animal cobra apariencia temible. En las repúblicas de América española y sobre todo en la provincia de Santa Fe, las convulsiones políticas han dado lugar a frecuentes relaciones y contactos entre los indios y la gente del país. El toba conserva su tipo físico primitivo, no así el mocoví, en el que se nota muy alterado. Eso no obstante, muchos conservan el color cobrizo que les es natural; algunos hay que presentan un tinto más claro, semejante al europeo. Generalmente los ojos de los mocovíes son negros, fijos, muy grandes, de expresión cruel y sombría. Los cabellos muy largos les caen en desorden; a veces los sujetan alrededor de la cabeza con un pañuelo doblado a manera de faja. Las mujeres son de gran talla y muy gordas; casi nunca tienen facciones bellas pero los pies y las manos son admirables por la forma, la pequeñez y la delicadeza. El nacimiento de los hijos no les ocasiona muchas penas ni enfermeda-

---

no a Santa Fe un fotógrafo francés; vio pasar al cacique mocoví Cristóbal y lo invitó a entrar en su taller, deseoso de hacerle un retrato. Pero el cacique, a la vista del objetivo cuyo tubo de cobre y el aparato en general le hacían pensar más o menos en los aprestos de un cañón, empezó a retroceder muy confuso y declaró que deseaba retirarse. Miraba fijamente la máquina, temeroso de ver salir una descarga. El fotógrafo, para inspirarle confianza, hizo colocar en pose a su ayudante y sólo después de esta prueba el cacique consintió en posar. Tenemos ese retrato y la expresión revela el malestar y la preocupación del ilustre cacique. *(Nota de L. B. B.)*

des; una vez que han dado a luz, llevan al pequeño a la primera laguna o arroyo y allí lo bañan".

"El mocoví, como todos los indios por lo general, es impetuoso en los primeros momentos pero poco perseverante y lo acobarda cualquier empresa que requiera cierta continuidad. Es paciente y sufrido para el frío, el calor, las lluvias, las picaduras de los insectos; soporta el hambre al punto de que ayuna completamente sin quejarse durante cuatro o cinco días como yo mismo he podido comprobarlo. Los mocovíes no valoran mucho el ganado, en general, excepto el caballo, que para ellos significa un complemento de su vida. Cuando roban a los criollos alguna tropa, se apresuran a matar los animales y a comerlos sin ninguna previsión. Este proceder puede explicarse por la vida nómade que llevan, por las naturales persecuciones que sufren, los cuidados que requiere la tropa y la imposibilidad de arrearla en fuga desesperada".

"La única tarea que realizan es la caza y se procuran algunos recursos con la venta de pieles. Las mujeres tejen con bastante habilidad telas de lana, que tiñen con raíces silvestres, obteniendo lindos colores muy vivos e indelebles. Fabrican también ellas, para uso propio, vasijas de barro quemadas en el suelo y en hornillos construidos sobre los mismos cacharros"[1].

"No conocen el valor del oro, pero sí, muy bien, el de la plata. Con todo, no le acuerdan gran importancia puesto que sus negocios en el desierto se redu-

---

[1] El célebre arqueólogo Federico Troyon examinó un jarro fabricado por los indios y lo encontró idéntico en su forma a los objetos de la misma naturaleza encontrados en las habitaciones lacustres de Suiza. *(Nota de L. B. B.)*

cen a simples trueques. Al metal amonedado lo estiman únicamente porque pueden procurarse con él la *bebida blanca* (aguardiente), que constituye para ellos el supremo placer".

"Sus lanzas son más cortas que las de los indios pampas de la provincia de Buenos Aires y las manejan con extraordinaria destreza. Conozco un indio que, valido solamente de su lanza y sus boleadoras, se libró de diez hombres que lo habían atacado rodeándolo. El indio nace, por así decirlo, sobre el caballo, vive y muere a caballo. No aprecia este animal por la belleza de formas sino por la ligereza y la prontitud en el correr. Es sumamente diestro para acostumbrarlo en poco tiempo a las escaramuzas de la guerra. El indio no tiene otros medios para lograr el sustento que su caballo, la lanza y las boleadoras".

"Mientras duran sus expediciones, se someten al cacique encargado del comando. Casi todos, antes de entrar en combate o de marchar a una razzia de ganado, se cuelgan al cuello una imagen que consideran de buen augurio. Previamente han conducido sus familias a los matorrales más espesos e impenetrables, donde las dejan por algunos días".

"El culto de los indios se compone de una mezcla de supersticiones paganas y cristianas porque lo poco que aprendieron del cristianismo ha degenerado en superstición. Las reducciones formadas por los jesuitas antes de 1810, a saber: San Gerónimo del Rey (abipones), San Javier, Cayastá[1], a orillas del Paraná, San

---

[1] *Callesta* (sic), poblado por indios charrúas que fueron traídos de Montevideo después de la independencia, se convirtió en un puesto mi-

Pedro e Ispín en el Chaco se dispersaron poco a poco y los indios, que volvieron al desierto, aportaron a sus tribus un cristianismo que la barbarie y la ignorancia transformaron pronto en creencias absurdas".

"Así, por ejemplo, cuando juegan a las cartas —y ellos se procuran naipes por intermedio de los indios sometidos— gustan de alumbrar un cabo de vela bendita que también se procuran por los mismos indios: esta luz les parece de buen augurio. Juegan a la suerte las pieles de animales, las mantas, los caballos y hasta los cautivos cuando los tienen".

"El cacique goza del derecho de vida y muerte sobre los hombres de su tribu. Los juicios que pronuncia no requieren ninguna formalidad: ordena que sea lanceado éste o aquél, y apenas lo ha dicho cuando el condenado yace sin vida. Entre los delitos castigados con pena de muerte figura el robo de algún caballo del cacique por un individuo de la tribu".

"Nunca emprenden los indios un asalto contra las poblaciones criollas si no es de noche, con luna llena y cuando las lagunas tienen agua suficiente. Esperan el momento en que los estancieros se entregan al sueño. La luz de la luna y el agua en abundancia son condiciones indispensables para lances de esa naturaleza:

---

sionero, visitado por los franciscanos. Eso no obstante, los charrúas no observan ningún precepto, ninguna ceremonia, ningún culto propiamente dicho. Si creen algo en Dios y en el poder de algún santo, como San Antonio de Padua, Santa Rosa y otros, tienen una idea muy confusa del cielo, de la inmortalidad del alma, del juicio final. No conocen el infierno [sic], Jesucristo crucificado, los beneficios de la redención, la caída de Adán y las consecuencias morales de su pecado. *(Nota del Padre Constancio.)*

sin la luna no podrían distinguir el ganado en el campo o entre los montes, y en tiempos de sequía no podrían tampoco abrevar los animales robados, durante sus largas marchas. Muchos robos se cometen sin el consentimiento del cacique, pero una vez realizados *post factum laudat*".

"Cuentan los años por los inviernos, las épocas por los sucesos políticos de Santa Fe que llegan a su conocimiento, y así dicen: 'Esto pasó cuando Echagüe o cuando López hizo tal o cual expedición'. No disponen de otra cronología".

"Ellos consideran más útil combatir y exponerse a las heridas de la muerte que dedicarse al trabajo y levantar sus cosechas y paréceles algo inútil ganar con el sudor de su frente lo que pueden procurarse jugándose la vida".

"Cuando no andan en guerras o en robos de hacienda o cazando, pasan sus ocios entre el beberaje y el sueño; aunque también juegan y bailan alrededor de los fogones o a la sombra de los árboles, según la estación. Los jóvenes de uno y otro sexo se divierten danzando, por la noche, casi diariamente. Las danzas son las más grotescas que puedan imaginarse. He notado esta particularidad: cuando el hombre quiere bailar se acerca a la bailarina y le aplica un fuerte rebencazo en el hombro, a modo de invitación. Disponen de varios instrumentos de música; suelen tener clavicordios y guitarras de gaucho robados en los malones; por cierto que suenan de modo muy singular, tocados por estos virtuosos del desierto. Tienen también unos instrumentos de metal que emiten sonidos discordantes como para romper los tímpanos de cualquiera que no esté acostumbrado a ellos. Mientras dura el baile, en el cual intervienen las jóvenes solamente, las mujeres casadas se reúnen aparte y se sientan formando un círculo. Extienden por tierra, en medio de la rueda, un cuero donde han trazado una serie de líneas blancas y coloradas y arrojan entre esas líneas unas bolitas marcadas con puntos, como los dados. Cuentan las líneas dibujadas en el cuero y los puntos marcados en las bolitas y según sean los tantos obtenidos lanzan carcajadas y gritos de alegría. Nunca he podido saber el nombre de ese pasatiempo".

"Los trabajos más penosos quedan reservados a las mujeres, que muy a menudo son castigadas y maltratadas por los maridos. Están obligadas a despostar los animales muertos en las cacerías, buscar leña en el monte, cuidar los caballos, llevarlos a pacer, enfrenarlos, ensillarlos, salir en busca de miel silvestre y recoger frutas de algarrobo para preparar la chicha con que sus amos y señores se embriagan casi diariamente. Estos bárbaros embrutecidos tratan a sus mujeres como podrían hacerlo con un animal domesticado y útil para el servicio. Cuando la toldería cambia de asiento, lo que suele ocurrir muy a menudo, las mujeres cargan sobre los caballos todos los enseres, los utensilios y las criaturas de la tribu. Arreglan el equipaje en grandes alforjas que cuelgan a los costados del animal y ellas se acomodan en medio siguiendo al trote la marcha de la tribu. Los hombres van aparte, sin cuidarse para nada de las mujeres ni de los niños".

"La toldería permanece en el mismo sitio una semana, quince o veinte días, según los recursos que el paraje puede ofrecerles. Estos recursos consisten en nutrias, iguanas, osos hormigueros, leones, pumas, ciervos, venados, antas (especie de zebra), peces, conejos, harina de palmera, frutas de algarrobo, miel silvestre".

"Agotados los víveres, la toldería se pone otra vez en marcha para un nuevo campamento elegido por el cacique. Una vez allí, las mujeres descargan los trastos y arreglan con ramas de árboles unas pequeñas chozas, a regular distancia una de otra para evitar que en caso de incendio pueda propagarse el fuego. A veces colocan sobre estas chozas un cuero grande extendido a guisa de techo y suspenden otro cuero del lado del viento. Cuando llueve, todos los individuos de la tribu duermen en el suelo sobre un cuero, cubiertos con otro. En vano se buscaría algún rasgo de belleza o algún orden en la disposición de estos toldos. Diríase todo esto más bien un trasunto del caos de la naturaleza primitiva, madre de estos indios".

"El gobierno, por así decirlo, al cual se someten, en algo se asemeja a una monarquía electiva. Cada toldería[1] o tribu tiene su cacique y éste obedece a su vez a un cacique general. El cacique es nombrado de por vida y generalmente le sucede aquel de sus hijos que ha dado mayores pruebas de valor en la guerra y en los actos de pillaje. Con todo, el poder del cacique no es absoluto. Cuando quiere organizar alguna ex-

---

[1] *Toldería*, de toldo, techo, tienda, refugio provisorio. *(N. del padre Constancio.)*

pedición de importancia sólo puede hacerlo con el consentimiento de la *aristocracia* de la tribu, vale decir, de los más afamados bandoleros que en ella forman. Lo mismo puede decirse del cacique general respecto de los demás caciques subalternos. A veces ocurre que el hijo, sucesor del padre, no responde a las esperanzas cifradas en él y entonces los indios lo destituyen y se ponen a las órdenes de otro que les parece más valiente, eligiéndolo por unanimidad. Acontece también que el cacique, disconforme con algún miembro de la toldería, lo arroja de ella obligándolo a someterse a otro jefe".

"La obediencia al cacique general no es una obediencia efectiva, porque cuando quiere reprimir algún desorden lo abandonan los indios de inmediato. De ordinario el poder está en manos del más rapaz y bandido. Éste es el que maneja siempre la tribu más numerosa, como se vio con los caciques Roque, Zuriquín y Bonifacio".

"La toldería del cacique general no es siempre la que cuenta con mayor número de guerreros, sobre todo cuando quiere mantener cualquier género de disciplina entre sus subordinados, porque esto no se concilia con sus costumbres libres y extravagantes. Esto en tiempo de paz, pero tratándose de una expedición guerrera o de robos de hacienda, o de asaltos a las estancias, el cacique general dispone de una autoridad absoluta y es obedecido fielmente por los caciques de las tolderías, como éstos lo son por sus subordinados. Tal circunstancia es común a todos los pueblos bárbaros".

"Hay entre los indios unos supuestos sacerdotes

y adivinos llamados *brujos*, que no observan ninguna forma de culto. La función principal de los brujos consiste en presagiar el resultado, malo o bueno, de las expediciones. Los brujos son también, por lo general, médicos y cirujanos. Curan a los enfermos entonando unos cantos cabalísticos, o bien aplicándoles su propia saliva sobre las heridas, o sangrándolos con una aleta de pescado, y no en la arteria sino en la parte donde el enfermo experimenta los dolores. Nunca estos famosos médicos toman el pulso al enfermo ni le preguntan nada sobre el origen de su enfermedad, porque los Hipócrates del desierto pretenden saberlo todo y practican sin otros requilorios sus curaciones".

"Por lo general reinan pocas enfermedades entre los indios; a veces la tisis, pero en raros casos. Sus hábitos higiénicos son muy extravagantes: tanto en invierno como en verano sólo se bañan después de una comida muy copiosa o después de una abundante transpiración, resultado de una carrera a pie. Cuando muere un enfermo, todos los miembros de la toldería lo rodean y lloran prorrumpiendo en gritos extraños que parecen una especie de canto fúnebre. Si el difunto ha muerto a consecuencia de un homicidio, los parientes y amigos juran vengarlo, con la mano puesta sobre sus lanzas y encienden sobre la tumba velas benditas, visitándola muy a menudo".

"Los mocovíes, si bien pueden considerarse como bárbaros, no son en realidad salvajes, porque, aun cuando la vida que llevan consiste en un continuo huir por el desierto, en robos y pillajes, en guerras con los criollos y los tobas, también es cierto que no son inaccesibles a sentimientos de afección y humanidad".

"Los mocovíes son menos industriosos que otras tribus indígenas, salvo en lo relativo a la alfarería, el tejido de mantas y la confección de abrigos de piel de nutria, bastante malos, que llaman *kiapis*. Ninguno de ellos sabe leer ni distingue una letra del alfabeto; algunos, muy pocos, cuentan hasta diez. Algo se les alcanza de la propiedad que tienen los metales para atraer el rayo, y en tiempo de tormenta entierran sus lanzas a una gran profundidad".

"Muy raramente tienen dos mujeres a la vez, pero en ocasiones repudian la mujer que tenían para elegir otra. No poseen la menor idea de la santidad de las leyes familiares y se da el caso, aunque poco común, de algunos padres que toman por mujeres a sus propias hijas".

"Después de nacido un niño, la madre lo lleva al brujo para que pronuncie sobre la criatura una especie de fórmula en la que se pueden descubrir vestigios de la liturgia cristiana. No tienen, apenas, nombres de familia. Los pocos nombres de ese género que pueden encontrarse proceden de los cautivos criollos robados cuando niños a sus padres e incorporados a la tribu. Únicamente los hijos varones heredan a sus padres".

"Cuando han recibido alguna injuria, o sufrido algún daño, son implacables en la venganza. La muerte de uno de ellos, causada por un criollo o por un toba, tiene forzosamente que ser castigada matando a un criollo o a un indio toba, aunque no se trate del culpable".

"Practican una hospitalidad ilimitada y quienquiera se presente a la toldería en demanda de asilo puede estar seguro de que lo recibirá con la mayor solicitud. Comparten todo lo que tienen con el huésped extraño, pero le piden también que parta con ellos lo que lleva consigo".

"Los indios experimentan un gran placer en recibir cualquier cosa que se les da, pero olvidan pronto los dones recibidos y ellos, a su vez, no recuerdan lo que han dado a los demás. *Gaudent muneribus* —dice Tácito de los germanos— *sed nec data imputant nec acceptis obligatur?* (Germania, C. Cornelio Tácito). Cuando reconocen al huésped como europeo, le dispensan todavía mayor consideración, pero tratándose de un soldado de Santa Fe o de un habitante de la ciudad entonces lo persiguen despiadadamente, como consecuencia de las eternas guerras que han vivido y las luchas que todavía se producen, ocasionadas por los malones".

"Los cautivos criollos adultos son ultimados sin excepción y los niños siempre conducidos al desierto, aunque a éstos no los maltratan; cuando están en edad de casarse son declarados libres, pero casi siempre quedan en el Chaco, que constituye para ellos una segunda patria, porque han adoptado la vida y costumbres de los indios".

"Doy a continuación algunas palabras entresacadas de los idiomas abipón y mocoví, cuyo origen común se advierte fácilmente y no deja de sorprender cuando se piensa en las continuas guerras que han mantenido separados a estos pueblos:

	Abipón	*Mocoví*
Abuelo	Lo-â-pé	La pí
Abuela	Câ té	Comená
Padre	Lê ta	I-tâ-â
Madre	Lâ tè	Lâ-té-é
Hijo	Iliath	I-a lequé
Hija	Ili-â-lé	I-a-lê
Nieto	I-a-âl	I-u-val
Nieta	I a âl	La ûc val
Cielo	E pigam	Epigam
Amo a Dios	No-a car	Cota-âs
Adiós amigo	Lâ-yarip	La yapâ
¿Cómo le va?	Là ariancitary	Jama que sady
Pan	Etan	Taiet â
Agua	E'narp	Ivariek
Carne	Pâ è	La ât
Río	La zongué	La tiavogué

"Para pronunciar cabalmente estas palabras hay que dar a los sonidos un acento gutural y entrecortado"[1].

* * *

Y ahora que conocemos a los indios, hablemos de su misionero.

El padre Constancio Ferrero y Cavour, franciscano, nacido en las cercanías de Niza, es hombre de una rara energía. Sus frecuentes viajes a través del desier-

---

[1] No hemos cambiado nada en la manera con que describe el padre Constancio. Estas informaciones escritas, como se ve, sin orden ni método, pero en forma vivaz y con gran veracidad en cuanto a los detalles, son de una originalidad que debe respetarse. *(Nota de L. B. B.)*

to, cuando visitaba las misiones franciscanas de la provincia de Corrientes, le dieron ocasión de conocer las costumbres de los indios y llegó al convencimiento de que no podría lograrse una obra estable y duradera mientras las tribus no se congregaran en un mismo lugar, haciendo posible al misionero el desarrollo de un plan continuado y permitiéndole llegar hasta los niños por medio de la instrucción regular en escuelas rudimentarias. Finalmente sus proyectos se concretaron así: Hacia el norte de Santa Fe, en el Chaco y no lejos del río Salado, existen los restos de un antiguo edificio que perteneció a los virreyes de España. Es la Estancia Grande. Las construcciones se mantienen todavía en pie y las paredes en buen estado; faltaban algunos techos pero podían reconstruirse fácilmente, así como las puertas y las ventanas.

El padre Constancio eligió la Estancia Grande como punto de concentración y varios caciques se comprometieron a reunirse allí con sus tolderías, en forma permanente. Por un lado, muy cerca, tenían un bosque y hacia otra parte se extendían campos muy fértiles, como todos los del Chaco, apropiados para diversas clases de cultivos, que no exigían trabajos de desmonte. El padre Constancio pensaba iniciar a los indios en las labores de labranza y despertarles interés por el cultivo de la tierra. Entretanto, acompañado de dos cofrades, podría realizar su proyecto de instruir a los niños, en la esperanza de que éstos terminarían por civilizarse y comprender el valor moral de una vida honesta y laboriosa, una vez que cesaran a su alrededor las continuas escenas de pillaje y tuvieran otra clase de ejemplos.

Los caciques se manifestaron bien dispuestos a este arreglo, pero hicieron una objeción al misionero: el asiento en un lugar determinado los privaba del único recurso de que disponían para alimentarse —la caza de caballos salvajes— entre tanto esperaban el resultado de sus faenas agrícolas. El padre Constancio, en previsión del inconveniente, se había dirigido al gobierno nacional, presidido entonces por el general Urquiza, exponiendo su plan de reducción y civilización. El gobierno lo aprobó, prometiendo contribuir con número suficiente de yeguas, cada mes, y cien pesos de subvención para gastos de otra naturaleza.

El padre Constancio hizo conocer a los caciques esta promesa, como respuesta a las objeciones que le oponían. Quedaron así conformes en lo relativo a medios de subsistencia y terminaron por reunirse en el lugar designado. El misionero llevó a la Estancia Grande carretas de bueyes, arados, toda clase de instrumentos de labranza y puso manos a la obra con valeroso empeño. Hacía, vuelta a vuelta, de albañil, carpintero, labrador, exigiendo toda la ayuda posible de sus bárbaros colonos. De esta manera, removieron algunas fanegas de tierra, sembraron maíz, melones, sandías y otras hortalizas. En esto transcurrió el primer mes. El padre Constancio esperaba ver llegar, de un día para otro, las yeguas y el subsidio prometido por el gobierno. Pero nada llegaba. El misionero, que disponía de una pequeña suma —producto de algunas misas y otros oficios religiosos—, compró entonces con su propio peculio las yeguas y otras cosas indispensables para éstos; pero transcurrido el mes siguiente se produjo la misma expectativa y la misma decepción. Todavía el padre Constancio proveyó con recursos personales a las necesidades de sus indios, pero pudo advertir que cundía la desconfianza. Empezaban a murmurar, a dudar de su palabra, preguntaban por qué el gobierno nacional no había enviado los socorros prometidos.

El padre Constancio se pone entonces en viaje para la ciudad de Paraná; se presenta a las autoridades del gobierno nacional y, con la palabra fuerte, incisiva, original que lo caracteriza, explica lo peligroso de la situación y el riesgo de comprometer por mucho tiempo, tal vez para siempre y por causa de un comienzo desgraciado, toda empresa de civilización en el Chaco. En Paraná lo escuchan y le dan en todo la razón; cuando el padre da cuenta de lo que tiene ya hecho, vienen los asombros, los aspavientos (a la manera criolla), y le prometen todo lo que pide. El padre Constancio se vuelve al Chaco para anunciar a los indios la buena noticia. Pero pasan las semanas y no llega subsidio alguno. Los recursos del misionero se agotan y se agota también la paciencia y la confianza de los indios, que empiezan a mostrarse amenazantes. Los murmullos se acentúan; se supone que el plan del misionero esconde alguna estratagema urdida contra los indios; que la concentración en un solo punto responde al propósito de cercarlos a todos y exterminarlos con sus familias.

El padre Constancio iba advirtiendo claramente los síntomas alarmantes; hasta que un indiecito a quien instruía en la doctrina cristiana, entró, un anochecer, en su pieza, para decirle: —Padre, tiene que irse en seguida porque lo van a matar esta noche; yo oí al cacique cuando daba la sentencia. Váyase, váyase, sin detenerse.

Los dos religiosos, cofrades del padre Constancio, no habían vuelto del monte, donde andaban haciendo leña. El misionero convenció al indiecito de que fuera hasta ellos para prevenirles que no volvieran a la estancia y buscaran el camino del fortín más próximo. No había que pensar en defenderse, sino en alejarse de cualquier manera. El padre Constancio, después de haber visto partir a su neófito, se deslizó fuera de la casa, por una ventana poco elevada. Con mucha presencia de ánimo decidió retirarse a pie. Por muy buen jinete que hubiera sido, por ligero que fuera su caballo, siempre habría caído prisionero de los indios. Un gran descampado se extendía ante él, interrumpido apenas por algunos montecitos y matorrales de pencas y mimosas.

El misionero se aleja de la estancia orientándose gracias a su conocimiento del campo y a la posición de las estrellas que comienzan a brillar en el firmamento. Sólo se detiene, de tiempo en tiempo, para aplicar el oído contra el suelo y cerciorarse de que ningún rumor de galope anuncia su persecución. Al amanecer, avista el fortín Romero, donde encuentra algunos soldados y un caballo. Su sayal está en jirones, sus pies destrozados por las espinas y las hierbas cortantes. Los hermanos de misión, cuya suerte le preocupa mucho, no han llegado a Romero y no llegan hasta la noche, para informar a su superior de las escenas de pillaje y devastación que han presenciado. El indiecito encargado de advertirles el peligro no los había visto en el monte, porque tomaron caminos diferentes y no pudieron encontrarse. Cuando llegaron a la estancia, ya las puertas de la casa habían sido derribadas y los caciques con los indios andaban adentro, en tumulto. Los religiosos acudieron, sorprendidos, ante semejante desorden; llegados al umbral de la puerta pudieron ver que los enseres del padre Constancio y los suyos propios, así como los objetos del culto, estaban en poder de los indios. Un solo objeto habían respetado: el copón en que se guarda la hostia y lo entregaron a los religiosos, diciéndoles que les perdonaban la vida, pero que debían abandonar la estancia inmediatamente.

Temiendo una sorpresa de parte del gobierno, los caciques habían dado la orden de partir, y así, mientras los dos franciscanos se dirigían al fortín Romero, los indios, montados en sus mejores caballos, se internaban, fugitivos, en el desierto y en las selvas impenetrables donde tienen sus refugios.

Al intrépido padre Constancio no lo acobardó su experiencia malograda. Poco tiempo después se dirigió a San Javier, dispuesto a utilizar las ruinas, todavía en pie, de la antigua ciudad. Vivían allí algunas familias de indios sometidos y el padre Constancio logró que se les reunieran algunas otras. Les enseñó a cultivar la tierra, a restaurar las casas abandonadas, organizó una escuela, reedificó la iglesia para oficiar el culto. Ya comenzaba a recoger los frutos de sus esfuerzos: los indios se habituaban al trabajo, miraban con placer el advenimiento de sus cosechas, se mostraban dóciles a sus misioneros.

Así las cosas, llega inopinadamente una orden del

gobierno de Santa Fe para que el asiento se traslade a Cayastá, cerca del lugar donde existe una reducción de charrúas. El padre Constancio hace todas las diligencias imaginables para que se deje la orden sin efecto, pero todo resulta inútil y por segunda vez tiene que contemplar la destrucción de su obra como consecuencia de la mala voluntad de los gobiernos. Cayastá no ofrece los recursos de San Javier y el puesto misionero, allí establecido, lucha con las mayores dificultades.

El padre Constancio, falto de reposo entre tantas fatigas, reside hoy, como capellán, en la colonia agrícola europea de San Carlos, a pocas leguas de Santa Fe. No creemos, sin embargo, que este valeroso pionero de la civilización en el Chaco haya puesto término a su carrera de riesgos y sacrificios.

APÉNDICE

Los fragmentos que van a continuación, y sirven de complemento a este volumen, pertenecen al libro La République Argentine *par Charles Beck-Bernard, ancien Directeur de la colonie San Carlos, près de Santa Fe (Amérique du Sud). Lausanne. Chez Delafontaine et Rouge. 1865.*

Indumentaria militar

En un país como la República Argentina, donde durante mucho tiempo cada gobernador de provincia se creyó con derecho a mantener un ejército, el buen porte militar, la indumentaria correcta, el uniforme, resultaban un imposible.

La guerrilla trae aparejada la disparidad de trajes y armas. En un solo punto coinciden todos los guerrilleros y es en la gallardía y la destreza para manejar el caballo. Por lo demás son muy desemejantes.

En el año 1858, el general Urquiza pasó revista a la caballería de la Confederación[1]. Eran catorce mil hombres —y si ponemos de lado nuestras ideas europeas sobre uniformes militares— el conjunto presentaba, ciertamente, un magnífico aspecto. Los gauchos ricos de todas las provincias rivalizaban en elegancia. En los primeros rangos no se veían más que ponchos de colores lucientes, calzoncillos bordados, espuelas de plata cincelada; las riendas, los cabestros, los pre-

---

[1] La revista del 27 de mayo de 1858, en Paraná, descripta por Burmeister. *(N. del T.)*

tales de los caballos destellaban con las rosetas del precioso metal. Figuraba en la formación un *cordobés* que lucía un apero y riendas de oro, en los que había invertido diez mil pesos —cerca de cincuenta mil francos. Los caballos —sobre todo los de Entre Ríos— se distinguían por la viveza graciosa del andar y el lujo de los arreos.

Las maniobras ejecutadas por las tropas resultaron admirables, tanto por la presteza y uniformidad de los movimientos como por el arte de manejar las cabalgaduras[1]. Podéis imaginaros un circo inmenso, donde todos los *écuyers* tuvieran la destreza de Franconi, porque no son menos los criollos de las pampas[2].

La infantería casi no contaba para nada, y es que las grandes distancias, los malos caminos, la abundancia de caballos, hacían preferible la caballería. Sin embargo, algunos comandantes europeos de los fortines fronterizos, en el Chaco, han podido compro-

---

[1] "...La parada militar —dice Burmeister— se llevó a cabo por dos veces, una a cierta distancia del Paraná, en campo abierto, donde se practicaron evoluciones guerreras, la otra en la misma ciudad, como una revista ante el Presidente". *(N. del T.)*

[2] Los Franconi formaron una especie de dinastía funambulesca en Europa, desde fines del siglo XVIII hasta ya entrada la segunda mitad del siglo XIX. Fueron famosos sus circos de París. Adolfo Franconi —fallecido en 1855— era considerado como el más hábil jinete y amaestrador de caballos que se hubiera conocido. Los Franconi no sólo introdujeron en el circo las más espectaculares y arriesgadas pruebas ecuestres sino que representaban en la pista episodios militares en que se glorificaban las hazañas de Napoleón I. Se dijo que habían contribuido a la restauración del segundo imperio, por sus continuas apoteosis del primero. *(N. del T.)*

bar que la infantería, cuando espera con bayoneta calada las cargas de la caballería india, puede obtener grandes resultados.

Los indios auxiliares fueron revistados en cierta ocasión por el gobernador de Santa Fe y presentaban un aspecto impresionante. Hubiéranse dicho las hordas de los confines de Asia que invadieron Europa en los primeros siglos de nuestra era. Allí no se veían sino bonetes hechos con cabezas de tigres y de lobos, largas cabelleras flotantes, lanzas muy largas, capotes fabricados con pieles de animales salvajes, boleadoras y lazos. Los caballos, flacos, pequeños, de crines enmarañadas, eran prontos y dóciles. La apariencia siniestra de los indios, sus ojos de un negro azabache, sus rostros lampiños y semiocultos entre mechones de cabellos negros y cerdosos, la extrema soltura de las actitudes, el sello intenso de barbarie que ostentaban esos hijos del desierto, formaban un cuadro de imborrable impresión.

Encontrándonos en Buenos Aires, en 1857, asistimos a la partida de un general que salía de viaje al sur, para ponerse al frente de una expedición contra los indios puelches y otros. El carruaje del general era uno de esos grandes armatostes, llamados *galeras* en el país, especies de ómnibus, que tienen algo de la antigua carroza, montados sobre cuatro ruedas enormes. Lo único bueno que tiene el tal vehículo es que, alzado de esa suerte, puede pasar sin inconveniente los vados de los ríos y los innumerables pantanos de la campaña. Estaban enganchados a este carruaje seis a ocho caballos, que tiraban de lado, sin pecheras, con sogas o trenzas de cuero crudo sujetas a las cinchas, y los montaban otros tantos gauchos que se cubrían la cabeza con ese gorro muy alto y puntiagudo, rojo o azul, que distingue a los vigilantes, siempre culpables de algún pecadillo que los obliga al servicio militar.

En torno del carruaje bullía una numerosa escolta de jinetes, vestidos unos con blusas de lana colorada y pantalón de lo mismo, otros con trajes de colores abigarrados, aquí se veía un gorro de policía, más allá un quepis, más lejos un sombrero de Panamá, y como defensa todas las armas posibles: lazos, boleadoras, facones, lanzas, sables turcos, carabinas de caza, mosquetones, trabucos naranjeros, pistolas, revólveres, etcétera. En medio de esta reunión, que semejaba una banda de *condottieri* más que otra cosa, y que hubiera podido servir de modelo para un cuadro de Salvador Rosa o de Horacio Vernet, brillaba el estado mayor del general, compuesto de oficiales jóvenes, de gallarda presencia y vestidos con uniformes europeos muy elegantes.

Era una vez más ese contraste sorprendente y punzante del estado primitivo, abandonado a sí mismo, y el comienzo de una civilización más avanzada.

Industrias regionales

En los centros de actividad y de comercio, la civilización llama en su auxilio, por medio del elemento extranjero, a todos los grandes factores de la industria moderna, al vapor, la electricidad, las máquinas; pero la industria propia y genuina del país, la que le pertenece como la flor a la planta y al árbol el fruto, no carece de originalidad e interés. Esta industria es notable, más que todo por la sencillez de los medios puestos en acción y por los resultados realmente sorprendentes que obtiene si se considera la ausencia casi total de otra ayuda que no sea la mano del hombre.

Es de notarse que, entre la mayoría de los pueblos primitivos, las industrias familiares de primera necesidad, como la hilandería, el tejido, el teñido de las telas, la alfarería, la fabricación de aceite, de velas, de jabón, son desempeñadas por las mujeres. En Santa Fe mismo, las grandes tinajas de tierra cocida, destinadas a refrescar el agua, se deben a la pericia de las mujeres indias. Una de estas indias entra en el patio de la casa donde han sido requeridos sus servicios, llevando sobre la cabeza una especie de cajón —hecho con cuero de potro plegado y secado— lleno de esa arcilla roja que se encuentra de ordinario bajo la primera capa de tierra negra. Este barro, que la mujer ha batido previamente con los pies, se convierte bajo sus manos en una sustancia muy blanda y manejable.

La india pide un plato de loza o de estaño que le permita cortar con seguridad una base redonda y regular. Hecho esto, amasa largos rollos de barro que va superponiendo en torno de la circunferencia, cuidando de estrecharlos según el tamaño y la forma que quiere dar a los flancos redondeados de la vasija. Valiéndose de su cuchillo para la parte exterior y de la mano para el interior, aplana las partes salientes de los rollos, hasta formar una superficie rasa y pulida. Terminada la fabricación, construye, con adobes, un horno que recubre la tinaja y amontona en el interior del hueco de arcilla, leña y carbón, para quemar luego el cacharro, en el suelo. Los mejores y más durables de los utensilios de menaje, se fabrican por este procedimiento primitivo que, según se dice, es el mismo que emplean los pueblos del Cáucaso.

La lana, una vez lavada e hilada en el huso, se dispone en madejas y el teñido se hace por medio de plantas colorantes que la pampa proporciona abundantemente. Una raíz sarmentosa, recogida en las márgenes de los ríos y arroyos, produce un color rojo magnífico; la cáscara de granada produce el color negro; el índigo el azul y un grano muy abundante en el campo, el amarillo. El alumbre, que se encuentra en la comarca, sirve para fijar los colores y, una vez todo listo, las mujeres ponen manos a la obra, tejiendo frazadas, ponchos y fajas, que resisten por la solidez de sus tejidos y de sus colores, el viento, la lluvia y el sol quemante del desierto.

Los instrumentos de que se sirven las mujeres para tejer no pueden ser más sencillos: son pedazos de caña plantados en el suelo y dispuestos de manera que puedan soportar la trama. Cuando ha pasado la lanzadera a través de la urdimbre, hacen correr el hilado valiéndose de un peine pequeño, hecho también con un trozo de caña de bambú; luego hacen oscilar la trama por medio de una báscula y recomienza la operación. Un poncho, una frazada, exigen varios meses de trabajo pero duran toda la vida.

Las mujeres indias bordan también, con lana de colores, almohadones de cuero y proceden con el algodón como con la lana, tejiendo ponchos de verano, servilletas y sábanas que no son inferiores a ninguna otra tela en cuanto a duración y solidez. Preparan asimismo tapices para sillas de montar, hechos de cueros de avestruz con todas sus plumas a manera de extravagantes adornos.

Tanto los indios como los criollos emplean la ceniza de una saponaria, que abunda mucho en las pampas, para hacer jabón, mezclándola con el aceite extraído de la grasa de potro. Es un jabón nauseabundo pero excelente para quitar las manchas y blanquear la ropa.

Una de las principales industrias de los indios consiste en la preparación de pieles de animales que matan en sus cacerías; pero esta preparación se hace generalmente con muy poca inteligencia. Recuerdo que reían de muy buena gana unos indios cazadores cierta vez que se les aconsejaba no cortar el hocico y las patas del animal como ellos hacen en esa faena. Sea como fuere, los cueros de jaguar, de nutria, de gama y las plumas de avestruz sirven a estos indios para efectuar una especie de comercio de cambio en el cual figura desgraciadamente con demasiada frecuencia la *bebida blanca* o aguardiente.

En Santa Fe, las mujeres criollas ejecutan, en bordados y puntos de aguja, labores que son maravillas de habilidad y de paciencia. Uno de los grandes lujos del país consiste en adornar ropa blanca con blondas y entredós, los más bonitos que puedan imaginarse.

Las mulatas, negras y mestizas criollas cosen son rara perfección y despliegan mucho arte en todas las labores de mano.

También son las mujeres las que hacen el pan y amasan esos panes llamados *criollos*, mezcla de harina y grasa de vaca, y las tortas recubiertas de una capa de almíbar. Estos panes —que sólo son sabrosos calientes— se apilan en una caja de cuero y se ofrecen a la venta todas las mañanas, de puerta en puerta, por alguna garrida moza de color bronceado. Antiguamente no se conocía otro pan en Santa Fe; ahora hay algunos panaderos europeos que desempeñan muy bien su oficio.

También se deben a la industria femenina esas magníficas frutas confitadas que se expiden a Buenos Aires y hasta al Brasil. La mermelada seca de naranjas, de limones, damascos y duraznos, o bien estas mismas frutas enteras, se colocan en pequeñas cajas adornadas con papel blanco y así se ponen a la venta. Lo mismo se hace con una especie de azúcar aliñada con leche y con un dulce de calabazas usado mucho en la preparación de alfajores.

El almidón, la harina de mandioca, las velas de sebo, los cirios de cera son también de industria femenina. Los cirios se logran sin molde y la buena mujer que los fabrica deja correr la cera líquida —con mucha mezcla de sebo porque la cera es cara— a lo largo del pabilo, que mantiene suspendido sobre un caldero. La fabricación de cigarros también es rama importante de la industria de las mujeres. Una de las industrias mejor representadas entre los criollos es la orfebrería. Las piezas de plata, pesadas, macizas, guarnecidas con dibujos en relieve de mucho bulto, se trabajan a martillo, tal como se hacía en Europa, dos o tres siglos atrás. Antiguamente, en las casas de familias ricas, eran de plata las fuentes, los vasos, los platos, los aguamaniles y hasta las marmitas y utensilios de cocina.

Todavía existen familias venidas a menos que viven de la venta sucesiva de los restos de un pasado de esplendor. Hoy ese lujo —no muy común— ha quedado reducido generalmente al mate y al apero del caballo, cuyas riendas, cabestros y pretales relumbran con las rosetas de plata cincelada. Los estribos, muy macizos, representan invariablemente una corona invertida. Explican ese adorno, tomado de los moros, por la costumbre que éstos tenían de suspender a los estribos, en señal de desprecio, las coronas que los caballeros cristianos prisioneros llevaban en las cimeras de sus cascos.

Las espuelas, enormes, ruedan por el suelo con el ruido de un sable de caballería; son también de plata labrada y pesan por lo menos una libra cada una. Lo mismo puede decirse del cabo que ponen a esas fuertes lonjas de cuero que hace las veces de fusta y que llaman *rebenque* en el país. Las prendas de montar nos llevan a ocuparnos del arte de trenzar el cuero, en que con tanta frecuencia se pone de manifiesto la pericia de los gauchos.

El hábil *trenzador*, sin otro instrumento que su cuchillo, corta tirillas de cuero, delgadas como hilo torzal, y al modo que proceden entre nosotros los que hacen tejidos de cabellos, él trabaja con tientos muy finos unas trenzas complicadas de mucha solidez y muy bonitas. Hace riendas, cabestros, cabos de rebenque, adornados después por el platero con rosetas brillantes y anillos de plata.

Las filigranas de oro —sobre todo los pendientes que adornan con topacios y amatistas del Perú— son labores muy bien trabajadas y de bonito efecto.

Llama la atención el gran papel que desempeña el cuero en todas las industrias. Los niños criollos, indios o mestizos, duermen en unas pequeñas hamacas de cuero, en forma de cajón, que se suspenden a las vigas del techo, con tiras también de cuero. El albañil, para transportar la argamasa y la cal, usa una especie de batea de cuero y son igualmente de cuero las banastas en que las lindas mozas pardas o mulatas llevan sobre la cabeza limones, naranjos o tortas criollas. Los muchachos panaderos distribuyen el pan en dos grandes tambores de cuero suspendidos a los costados de la mula o del caballo; se sientan entre los dos sacos, a mujeriegas, casi sobre el pescuezo del animal.

Un cuero de vaca o de caballo extendido sobre cuatro estacas, sirve muy comúnmente de cama, y otro cuero hace las veces de puerta o de postigo. En los ranchos cubiertos de paja no es raro que toda la construcción se haga sin emplear un solo clavo. Las paredes de adobe o de barro pisado están provistas, a la altura del techo, de fuertes chavetas de madera, a las que se sujetan las vigas por unos a manera de cables de cuero, trenzados y torcidos. Los mazos de paja o de junco, que descansan sobre una armazón de cañas y componen el techo, se atan asimismo con tiras de cuero. En los corrales pequeños, formados por estacas algo separadas, estas estacas se unen con fajas de cuero para impedir el paso de los animales; las paredes de las carretas son de cuero y cañas entrelazadas, y las armas por excelencia del gaucho y del indio, el lazo y las boleadoras, se fabrican con el cuero de algún potro corredor o de algún buey indolente y pacífico. En la provincia de Córdoba se vende mucho el cuero preparado y trabajado, en forma de bonitas *sobresillas* (para cubrir la montura) y de anchos cinturones de gaucho. Los dibujos no carecen de originalidad y elegancia. Se fabrican también en esa provincia unos tejidos de pelos muy largos, llamados *pellones*, que forman una de las numerosas prendas de paño o de cuero que componen el recado o equipo del caballo. La provincia de Córdoba tiene fama también por sus cueros para suelas y por sus bonitas mantas y alfombras de lana, floreadas, con dibujos en relieve, de mucha solidez y colores indelebles.

En Santa Fe se construyen las mejores embarcaciones y goletas de la Confederación y sus constructores de barcos pasan por ser los más hábiles del litoral. Una de las actividades comerciales de la ciudad consiste en la venta de *curvas* y *tablones* de madera para las mismas construcciones de cuyos materiales hacen provisión en los bosques más cercanos.

Se hace también mucho carbón, que constituye un artículo de exportación considerable.

En general todas las industrias se desempeñan por medios tan sencillos y con tan escasas herramientas, que es cosa de llamar la atención. Las mujeres criollas se valen solamente de un alfiler y una aguja para hacer los preciosos encajes que adornan sus almohadas, enaguas y servilletas. Entrad en el taller de un platero, en la tienda de un hojalatero, de un zapatero y os sentiréis sorprendidos ante los escasos útiles de trabajo que allí veréis. El trenzador no dispone sino de su cuchillo —como lo hemos dicho— para ejecutar sus bonitas labores de cuero, ese mismo cuchillo con que corta la carne que come y que le sirve, llegado el caso, para el ataque o para la defensa. La mujer que fabrica dulces, y adereza las sabrosas frutas confitadas, no dispone de otros instrumentos que dos pailas de cobre y una concha de nácar que sirve de cucharón. Hemos hablado ya de la alfarería y de los tejidos.

Este género de industria, primitiva, ingenua, lenta, que hace pensar en la infancia de los pueblos, no carece de encantos y de poesía, sobre todo si la contraponemos a los procedimientos de fabricación europeos, en que un hombre inteligente, inventor de una máquina, piensa por los otros y sustituye a los esfuerzos individuales, el movimiento de una rueda de engranaje o de un resorte bien combinado.

Transportes

El transporte de los productos del interior a los mercados de Rosario y Buenos Aires se efectúa a lomo de mula o en carretas de bueyes. Las mulas, equipadas graciosamente con penachos y pompones de colores, marchan en tropas, conducidas por uno o dos muleteros llamados *arrieros*, cuyos trajes pintorescos —chaqueta de terciopelo con botones de metal pulido, sombrero de fieltro adornado con plumas de aves y grandes polainas de cuero— despiertan recuerdos de la vieja España.

Las mulas caminan siempre guiadas por una yegua llamada *madrina*, que lleva un cencerro al pescuezo y les sirve de punto de reunión; no se alejan de ella ni siquiera en los momentos en que pacen. Los arrieros gozan de estima general, por su probidad, su sobriedad y la abnegación que demuestran con bastante frecuencia para con los viandantes en los pasos largos y peligrosos de la cordillera.

Las carretas son vehículos enormes y pesados, con dos ruedas de cubos gruesos como el tronco de un árbol y altas que sobrepasan la altura de un hombre; en la construcción de estas ruedas no entra un solo trozo de hierro y nunca las engrasan, de suerte que al girar producen una música extraña, semejante a un gemido melancólico y persistente que se oye desde muy lejos. La caja de la carreta es una pesada y rústica armazón de vigas, tablones y estacas, recubierta de ordinario con un cuero de vaca tenso sobre arcos de madera flexible, y a veces con techo de tablas. A estas carretas van uncidos dos, cuatro, seis bueyes que tiran por medio de enormes yugos. El conductor o picador se sienta sobre el yugo de los bueyes uncidos al pértigo, armado de una larga caña terminada en punta de hierro, con la que aguija las bestias animándolas a voces, continuamente.

Delante de la primera carreta marcha un jinete, siempre al paso de su caballo para indicar el camino a los bueyes. Las carretas restantes siguen la fila.

En las afueras de Buenos Aires y Rosario hay grandes plazas para estacionamiento de las carretas llegadas del interior y estos campamentos ofrecen un curioso espectáculo. Se ven allí las carretas por centenares. Las de cada provincia forman grupos separados y por lo general tienen algo de característico que las distingue, sea en la construcción o en los adornos. Las hay con pretensiones de elegancia que semejan una casita pintada de verde o azul con pinturas de la Virgen o de algún santo, o bien ornadas con caricaturas extrañas y grotescas, debidas a dibujantes improvisados.

Rodeando estos grupos de carretas se ven los gauchos que las han traído, siempre acompañados de sus mujeres e hijos. Sentados en el suelo, a la sombra de las carretas —por lo general entre las ruedas—, hacen al aire libre su comida frugal, consistente en un pedazo de carne ensartado en un asador que se inclina sobre el fuego, o en arroz y maíz que cuecen en una olla. A cierta distancia andan los bueyes cuidados por un gaucho a caballo.

El transporte fluvial se efectúa en gran parte por goletas a vela que pertenecen casi todas a navegantes genoveses; pero corre un servicio regular de vapores en los ríos Paraná y Uruguay. Con Montevideo la comunicación a vapor es casi diaria. Además, los barcos del Paraguay remontan y bajan el río dos veces por mes en combinación con las llegadas y salidas de los transatlánticos ingleses y franceses. El Brasil mantiene un servicio regular de vapores que remontan el Paraná hasta el interior de la provincia de Mato Grosso. La ciudad de Buenos Aires posee ya varios ferrocarriles comenzados en dirección oeste, sur y norte. Este último empalmará más tarde con el gran Ferrocarril Central Argentino, cuyos trabajos se prosiguen con mucha actividad y que unirá las ciudades de Rosario y Córdoba.

Misioneros de San Lorenzo

En la costa del río Paraná, cerca de Rosario, el piloto que busca su ruta sobre el inmenso río —ancho en este sitio como un pequeño mar— puede advertir, entre las arboledas y las palmeras, una gran iglesia blanca, de torre bastante elevada, que se levanta junto al vasto edificio de un convento. Es San Lorenzo, sede principal de los hermanos misioneros de la orden de San Francisco.

Estos religiosos son casi todos italianos: piamonteses, toscanos, sardos o romanos. Por más austera que sea la vida de estos hombres en Europa, gozan por lo menos en su patria de los recursos de un país civilizado, sin hablar de aquellos frailes que, acostumbrados a los hermosos retiros de Roma y Florencia, han podido penetrarse —aun sin quererlo— del hechizo del ambiente, de la naturaleza pintoresca y de las obras maestras del arte que los pintores, escultores, arquitectos y poetas sembraron profusamente en el suelo de Italia. En medio del desierto se insinúan los recuerdos de la patria lejana y los misioneros hablan de ella con ese acento profundo que el destierro suele agregar a la nostalgia.

Por lo general estos franciscanos no tienen de monástico sino el hábito que llevan. Obligados a seguir a los indios en sus eternas correrías, han aprendido a manejar el lazo tan bien como ellos y, si el caso se presenta, las boleadoras y la lanza. Reducidos con frecuencia a vivir del producto de sus cacerías, llevan siempre consigo el fusil. Visten como los gauchos, con sombrero de fieltro o de paja de Panamá, usan poncho, bombachas, y gastan ruidosas espuelas. El sayal gris —envuelto a la cintura— no revelaría su carácter sacerdotal si no fuera la punta del capuchón que sale sobre la nuca por la abertura del poncho. Uno de estos religiosos, todavía muy joven, notable por su hermosa presencia, su aire marcial y el dominio con que manejaba su caballo, se detuvo un día a la puerta de nuestra casa. Montaba un animal muy arisco y gobernaba admirablemente sus caprichos y escarceos. Una persona de mi casa, sorprendida por aquella figura tan garbosa, le preguntó si era al coronel de Dragones o al padre Fortunato a quien teníamos el honor de saludar.

—Pero... me parece que al coronel de Dragones... —contestó sonriendo el joven franciscano.

Las cartas que guarda el padre Constancio nos ofrecen preciosos documentos sobre los indios. Este padre, muy inteligente y observador, que sería tal vez más filósofo que ortodoxo si no fuera tan fundamentalmente adicto al poder y a las fórmulas de la Iglesia, habla de sus tribus de neófitos como Tácito de los germanos y Julio César de los galos. Sus tendencias son ante todo civilizadoras. Dispone de mucho sentido práctico y ha comprendido que la instrucción religiosa debe ir acompañada de la agricultura, la cría de ganado y las industrias de primera necesidad.

Posee un humor cáustico, no se deja llevar por la fantasía y en el registro donde guarda la correspondencia de los religiosos que están bajo sus órdenes, suele agregar notas y aclaraciones muy a su manera. Así, uno de sus cofrades le habla de cierto comandante y de un mayor, de quienes espera recibir auxilios; el padre Constancio ha escrito al margen de la carta: *Los dos chupan divinamente*[1]. Se ve que el padre Constancio no abriga muchas esperanzas de conversión en cuanto a los adultos; son las generaciones futuras, los niños, los que le interesan.

El misionero se siente impresionado por la poesía armoniosa del desierto y describe con vivo sentimiento las bellezas naturales. Pese a todos los sufrimientos y privaciones que ha debido sufrir, se ha constituido en el defensor valeroso de los indios y lucha por ellos con una sinceridad llena de energía. Si los indios son desconfiados, crueles, indisciplinados, sin fe, sin ley, ¿no es acaso por culpa de los criollos? ¿Qué se ha hecho por ellos? ¿No los han sacrificado, de tiempo atrás, a las ambiciones de los partidos? Cuando el padre Constancio se dirige a las autoridades pone bajo sus ojos todas las promesas olvidadas, todos los juramentos violados. Habla poco de sí mismo y apenas si hace alusión a las privaciones que ha debido sobrellevar.

El padre Aurelio Bordi es más explícito. Después

---

[1] En español en el original. *(N. del T.)*

de reclamar vivamente contra la injusticia caprichosa del gobernador de Santa Fe que obligó a la misión de San Javier a trasladar los infelices indios a un asiento inadecuado, da cuenta de todos sus trabajos y agrega ingenuamente:

"Si en mi patria hubiera yo hecho lo que hice por San Javier, hubieran conservado mi obra como un monumento, me hubieran adjudicado en vida cruces y honores, me hubieran destinado un nicho para adorarme como a un santo después de mi muerte... pero aquí —continúa el buen padre Aurelio—, aquí lo echan a uno de su trabajo *como perro de cocina*"[1].

Las cartas del padre José Sattoni no contienen más que cifras: Niños bautizados, tantos; parejas casadas, tantas. Verifica con perfecta candidez el balance más o menos favorable de su cargo de almas. Se queja de la cabeza dura de sus alumnos que recitan muy mal el *Pater Noster*, el *Ave María* o el *Credo*. Atribuye enorme importancia a la buena recitación de estas oraciones latinas y esto le sirve para formar criterio sobre una buena conversión. Luego vienen ciertos pormenores que arrojan viva luz sobre la miseria de los pobres religiosos. Éste se consideraría muy feliz con disponer de una choza que tuviera batientes en la puerta y en la ventana. Cuatro paredes de barro y un techo de paja constituyen su morada habitual. Es el único abrigo contra los soles abrasadores, las lluvias torrenciales, los insectos peligrosos y los mosquitos.

En otra carta, el misionero se detiene con extrema

[1] En español en el original. *(N. del T.)*

complacencia en describir la llegada de una imagen de la Virgen para su modesta capilla. La Virgen, con su corona y ornamentos de plata, ha sido recibida entre mucha algarada de cohetes, petardos y triquitraques.

ÍNDICE

Nota del editor	9
Southampton-Bahía	11
Río de Janeiro	29
En el Río de la Plata	39
Buenos Aires	51
El Río Paraná	66
Santa Fe desde la azotea	76
El 25 de Mayo	85
La religión	90
Paseos por el campo	108
Enfermos y médicos	114
La fiesta de Nuestra Señora de Guadalupe	119
El Carnaval en Santa Fe	125
Las quemazones	134
La manumisión de los esclavos	140
Recuerdos de Garibaldi	149
El convento de la Merced	152
El arca de Noé	160
Guerras y guerrillas	166
Los indios del Chaco y las misiones franciscanas	176
Apéndice	199
Indumentaria militar	201
Industrias regionales	205
Transportes	213
Misioneros de San Lorenzo	216